MICHAEL SCHOTTENBERG

Schottis
✳ schönste ✳
TIERGESCHICHTEN

Illustrationen
von Elham Anna Karimi

echomedia
BUCHVERLAG

Das Vorlesebuch ‚Schottis schönste Tiergeschichten' richtet sich
an Kinderohren von Sechs bis Neunzig. Zum selber Lesen empfohlen
ab der dritten Schulstufe.

Impressum:
ISBN: 978-3-903113-73-2
© 2019 echomedia buchverlag ges.m.b.h.
Produktion: Ilse Helmreich
Layout: Elisabeth Waidhofer
Lektorat: Elisabetta De Luca
Herstellungsort: Wien

Besuchen Sie uns im Internet:
www.echomedia-buch.at

INHALT

Für
Anna, Benji, Carina, Clara, Clari, Dean, Emilia,
Emma, Emmi, Felix, Franziska, Georg, Helena, Jakob, Joni,
Katrin, Kristina, Laetitia, Levi, Mona, Nico, Paul, Pauli,
Pauline, Sarah, Timon ...

&
... Claire und Bernhard

Das
✴ Postküken Ferdinand ✴

Es war wieder soweit. Das Frühjahr zog ins Land und die Glucke[1] war nicht vom Ei runter zu bringen. Ganze drei Wochen lang hockte sie darauf herum, nur unterbrochen von kurzen Abstechern zu Würmern, Schnecken und Insekten im Vorhof des Hühnerstalles. Was da nicht alles im fetten Gras kreuchte und fleuchte! Der Tisch war reichlich gedeckt und die Henne tat sich gütlich daran. Danach kehrte sie stracks wieder zu ihrem Nestchen zurück, hockte sich aufs warme Stroh und gluckte weiter. Nach einundzwanzig Tagen kündigte sich das Schlüpfen des Kükens an. Ein Riss in der Eischale, danach knackte sie vollends auf,

[1] Brütende Hühnermami

6

und ein feuchtes, zittriges Vögelchen hockte im Nest, das seine Mami, wohl wissend um den langen Brütvorgang, mit großer Sorgfalt vorbereitet hatte. Noch wurde das Kleine aber von einem haarfeinen Häutchen, der Eimembran, umgeben, bis auch diese riss und das Neugeborene das Licht der Welt erblickte. Das Wunder des Lebens hatte sich von neuem erfüllt.

„Willkommen auf der Welt, mein kleiner Ferdinand!", flüsterte die Glucke ihrem Kleinen zu. Ungläubig sah Ferdinand in die kreisrunden Augen seiner Mami, und rundum begrüßte das aufgeregte Gackern der Tanten den Neuankömmling. Ferdinand lag erschöpft da. Das lange Picken an der Eischale hatte ihm zugesetzt. Kein Wunder, er musste viel Zeit dafür aufbringen, bis er das Zeug endlich soweit hatte, um zu schlüpfen. Das Wichtigste war jetzt das wärmende Gefieder seiner Mami. Ferdinand musste trocken gelegt werden, danach erst sollte ihm ein flauschiges Pelzchen wachsen. Etwa sechs Wochen braucht es, um aus einem zittrigen Etwas ein respektables Federbällchen zu formen. Danach benötigte Ferdinand das mütterliche Öfchen nicht mehr. Er durfte aus dem Geburtsnest in den Hühnerstall übersiedeln und später ins Freigehege. Die Baby-Phase lag hinter ihm, eine sorglose Kindheit vor ihm. „Du bist wirklich das süßeste Fläuschchen, das die Welt je gesehen hat", sagte seine Mami zu ihm, und Ferdinand plusterte sein dottergelbes Daunenkleid und präsentierte den Würmern und Schnecken sein prächtiges Gefieder.

Ferdinand verbrachte eine sorglose Kindheit, bis… ja, bis ihn seine Mutter in die Grundschule einschrieb. Da saß er nun die Vormittage lang und paukte[2] und paukte, was ein Küken eben pauken muss: Nest bauen, im Erdreich kratzen, picken und Insekten aufspüren und, das vor allem, flattern. Wer glaubt, dass Hühner bloß Laufvögel sind, irrt. Hühner können fliegen, manche bloß ein paar Meter weit, andere schaffen es sogar bis auf den nächsten Baum. Zugegeben, ein auf einem Ast sitzendes Hühnchen ist ein seltener Anblick. Aber je strenger die Grundschullehrerinnen, desto eher begreifen es die Kleinen. Ferdinand hatte Glück. Fräulein Henni war eine der besten Kükenlehrkräfte weit und breit. Jeder Schultag begann mit ‚Allgemeiner Flatterlehre'. Die Kinder mussten sich in einer langen Reihe aufstellen, das Fräulein schritt die Kompanie[3] ab, und alle mussten ihre Flugstummeln so schnell bewegen wie sie nur konnten. Ferdinand war der Geschickteste von allen, er brummte los wie eine Hummel. Manchmal konnte man seine Flügel gar nicht sehen, so schnell "propellerten"[4] sie. „Du wirst bald fliegen können", sagte Fräulein Henni dann zu ihm, und Ferdinand plusterte sich vor Stolz und wedelte nur noch flinker mit den Ärmchen, bis… ja, bis er sich eines Tages doch tatsächlich für kurze Zeit vom Boden löste. So kümmerlich seine Fortschritte in den anderen Grundschulfächern waren, im Flugunterricht war er der Klassenbeste! Bald schon bekam er den Spitznamen ‚Flattermann' verpasst.

[2] Fleißig lernen, ‚strebern'
[3] Schar, Gruppe (beim Militär)
[4] Flattern

Und dann war es soweit: Fräulein Henni war gerade dabei, ihren Schul-
küken das Einmaleins der Schneckenlehre in ihre Köpfchen zu trichtern,
als Ferdinand in einem großen Bogen an der Tafel vorbeischwirrte. War
das ein Aufsehen! Die Mitschüler klatschten wie verrückt, und selbst der
Lehrerin blieb der Schnabel offen. „Du bist eine Wucht, Ferdinand!", rief sie
und als der Kleine neben seinem Pult landete und so tat, als wäre der kurze Erkundungsflug quer durch den Klassenraum das Natürlichste auf der
ganzen Welt, war dem Jubel keine Grenze gesetzt. Im Picken und Kratzen
setzte es jeweils einen Tadel im Zeugnis, im Flattern aber war Ferdinand
unerreicht. So kam es, dass er den Grunddurchgang der ersten Klasse mit
‚Gutem Erfolg' abschloss. Seine Mami war mehr als stolz auf ihren kleinen,
flauschigen Racker[5] und mit Tränen vor Glück eröffnete sie ihm seine
strahlende Zukunft: „Du wirst Postküken, mein Schatz! So einen wie dich
suchen sie. Du wirst sehen, deine Freunde werden dich beneiden!" Gesagt,
getan. Noch am selben Nachmittag heuerte Ferdinand bei der Hühnerpost
an. Er bekam eine schicke Uniform verpasst (extra für ihn wurde sie kleiner gesteckt, so einen jungen Kollegen hatten die erfahrenen Postler noch
nie in ihren Reihen gehabt), sowie eine Posttasche. In ihr wurden all die
Briefe und Postkarten verstaut, die zum Austragen bereit waren.

Jeden Morgen kam Ferdinand zur Poststation geflattert, legte seine Kappe und das Mäntelchen an und surrte los. Gewiss, die schwere Tasche

---

[5] Kerl (liebevoll)

behinderte ihn, denn ihr Gewicht beeinflusste die Flughöhe. Ferdinand aber ließ sich nicht entmutigen und flatterte eben ein wenig tiefer, als eigentlich erlaubt war. Die geringere Flughöhe verhalf ihm zu größerer Schnelligkeit, der Landeanflug war flacher und dadurch gefahrloser. Jeden Tag flog er dieselbe Route. Er schwirrte von Postkasten zu Postkasten, von Hühnerstall zu Hühnerstall, ließ sich durch die Luft gleiten, machte jauchzend Bögen und Pirouetten[6] und war seines jungen Lebens froh. Er zwitscherte wie ein Vögelchen und gackerte wie ein Hühnchen. Die Haushühner erfreuten sich Tag für Tag an seinem Flug und winkten ihm schon von weitem begeistert zu. Das Postküken Ferdinand wurde zum Liebling der Gemeinde. Auch jene Hühner, die keine Briefsendung erwarteten, blickten sehnsüchtig in den Himmel hinauf, in der Hoffnung, dass er auch bei ihnen Station machen würde, um sie mit seiner guten Laune anzustecken. Der kleine Postbote war schon bald aus dem gesellschaftlichen Hühnerleben des Dorfes nicht mehr wegzudenken.

Aber es sollte anders kommen, anders als erwartet. Manchmal spielt das Leben wirklich verrückt. Das Postwesen entwickelte sich rückläufig, die Aufträge gingen zurück. Was war geschehen? Während Ferdinand mit seiner ganzen jugendlichen Unbeschwertheit dem schönen Beruf des Briefaustragens nachkam, verlor sich die Freude am Schreiben kleiner Grußnachrichten mehr und mehr und wurde abgelöst von der Bequem-

[6] Rasche Drehung

lichkeit fortschreitender Digitalisierung[7]. Mit einem Wort, die Hühner wurden schreibfaul. In den Ställen und Gehegen griff die Handy-Sucht um sich, die Zeiten änderten sich. Die gute alte Kommunikation[8] von Schnabel zu Schnabel kam mehr und mehr aus der Mode. Statt fleißiger Postküken begannen digitale Botschaften durch die Luft zu flattern. „Jedem Hendi, sein Handy!", befand Ferdinands Mutter, zog die Stirn hoch und ihr Kamm wurde so runzlig wie der des alten Oberoffizials[9] in der Postzentrale.

Tatsächlich, die Aufträge gingen zurück. Ferdinand merkte es am Gewicht seiner Posttasche. Sie wurde leichter und leichter, bis sie eines Tages gänzlich leer blieb. Als echtes Postküken aber ließ er sich davon nicht beirren. Täglich absolvierte[10] er seinen Dienstflug, öffnete Briefkästen, schloss sie wieder, machte ein Schwätzchen hier und eines da und surrte zum nächsten Kunden. Aber es half nichts, der Bedarf an Postausträgern ging zurück. Ferdinand wurde wegrationalisiert[11]. Für Küken wie ihn gab es keinen Platz mehr. „Hätte ich doch bloß beim Picken und Kratzen besser aufgepasst", seufzte er. „Flattern ist nicht alles, besonders in diesen Zeiten." Seine kugelrunden Äuglein füllten sich mit Tränen und während er über die Wiesen flatterte, befreit von der sonst

[7] Alles nur noch mit dem Computer machen
[8] Miteinander reden, einander schreiben
[9] Gehobener Angestellter (alter Ehrentitel)
[10] Durchführen
[11] Einsparen

so schweren Tasche an seinen Stummelflügelchen, bildeten sich kleine Wasserläufe unter ihm. „Ich bin zu nichts mehr nutze", schluchzte Ferdinand, während er neben einer fetten Dotterblume landete. Von ihr erhoffte er sich Trost. Die beiden waren von Kindesbeinen an befreundet, kein Wunder, glichen sie einander doch wie ein Küken dem anderen! Die Blume neigte ihm ihr Köpfchen entgegen. „Was ist, wenn du eine Botschaft in den Himmel schreibst? Ich habe das mal gesehen. Ein riesiges Luftgefährt ist am Horizont[12] aufgetaucht und hat Buchstaben nach sich gezogen - irgendwas von einer ‚Blumenschau' oder so…"

Ferdinand stutzte. Ob das Pflänzchen das Zeichen der Zeit erkannte? War das möglich, dass jetzt schon jede Dotterblume besser Bescheid wusste, als ein in die Jahre kommendes Küken? Vielleicht hatte sie Recht. Ein Transparent war leicht zu besorgen. In der Poststation lagerten jede Menge dieser Stoffdinger, schließlich gab es erst neulich eine Demo[13] gegen die fortschreitende Abnahme von Briefnachrichten. Ferdinand stieg in den Keller und nahm sich Stoffbahn um Stoffbahn vor. Und tatsächlich, nach kurzem Stöbern stieß er auf etwas Passendes.

[12] Linie zwischen Himmeln und Erde, welche das Auge gerade noch erblicken kann
[13] Demonstration: Menschen, die sich versammeln, weil sie gegen etwas sind

Am nächsten Tag verschlang er hastig das Frühstücksschnecklein, das ihm seine Mami liebevoll auf den Tisch gestellt hatte. „So früh schon unterwegs heute, Ferdi? Ich dachte, das Postgeschäft ist zurückgegangen?" „Ich muss eine Botschaft fliegen", murmelte Ferdinand, setzte seine Kappe auf und ward nicht mehr gesehen. So schnell er konnte flatterte er in die Zentrale, stieg in den Keller hinunter, zerrte das Spruchband ins Freie, entrollte es und hob ab.

„Nanu, was sehe ich denn da?", stupste eine der Hennen ihre Kollegin an. „Sieh mal!" Die Köpfe der Damen aus der Legebatterie[14] hoben sich und starrten in den Himmel. Aber sie waren nicht die einzigen, die das seltsame Fluggerät bemerkten. Allerorts reckten sich Hühnerköpfe und staunten Bauklötze[15] über das Wunder, das sich ihren Augen offenbarte. Auch andere Tiere des Hofes wurden aufmerksam, selbst jene der benachbarten Gehöfte. Schafe, Ziegen, Hasen und Schweine, und auch all die Herrschaften aus den Stallungen jenseits des Dorfangers[16] rotteten sich zusammen und starrten an diesem Tag in die Wolken hinauf. Eine ganze Arche Noah[17] versammelte sich auf Wiesen und Wegen, mit nichts anderem beschäftigt, als ihre Köpfe wie Antennen auszufahren und in die Luft zu starren. Und was sahen sie da? Ein flauschiges Postküken flat-

[14] Gruppe von Hühnern, die auf das Eierlegen spezialisiert ist
[15] Sich wundern (Umgangssprache)
[16] Platz, Wiese oder Feld, das allen gehört
[17] Ganz viele Tiere und von jeder Art ‚ein Paar' (Bibel)

terte durch die Luft. Das dottergelbe Pelzchen, vom Fahrtwind arg ge-
zaust, segelte hoch über ihre Köpfe hinweg, ein Gestell hinter sich her-
ziehend, woran ein langes Spruchband befestigt war, auf dem in großen,
roten Buchstaben geschrieben stand:

SCHREIBT MEHR BRIEFE!

Hochrufe ertönten, vorerst zaghaft, später lauter, bis die Luft widerhall-
te vom Jubel der Tiere. Da wurden auch die Menschen aufmerksam und
verbogen ihre Hälse. Es schien, als ob die ganze Dorfgemeinschaft auf den
Beinen war, den Rain[18] entlang, von den Feldern bis weit hinüber zum großen Waldstück. Alle deuteten zum Himmel und riefen Ferdinands Namen.
Und als es gegen Abend ging, war des Jubels immer noch kein Ende.

Am nächsten Tag saßen alle in ihren Schreibstuben, auf den Schlaf-
stangen, in den Nestern, Kobeln und Koppeln, oder einfach im Gras, und
schrieben sich Hände, Krallen, Hufe und Schweinefüße wund. So viele
Briefe wie an diesem Tag wurden nie zuvor geschrieben. Und die Briefe
mussten ausgeflogen werden. Die gute, alte Post hatte alle Hände voll
zu tun, um der Nachfrage auch nur halbwegs nachzukommen. Ab diesem
Moment schrieben sich Verliebte wieder Briefe, Einladungskarten wurden verschickt, Feriengrüße, Geburtsanzeigen und Glückwunschbillets

[18] Grenze eines Feldes

- alles fein säuberlich signiert[19], gefaltet, kuvertiert[20], frankiert[21] und zur Post gebracht. Die Handy-Sucht war besiegt und die alte Ordnung wieder hergestellt: Man schrieb wieder Briefe.

Ferdinand, das flauschige Küken, wurde für seine Leistung zum Postoffizial befördert, in seinem ‚jungen‘ Alter eine hohe Auszeichnung. Mutter zog ihr hübschestes Kleid an und wohnte mit vor Stolz geschwelltem Kamm, nebst Fräulein Henni und allen ehemaligen Schulkameraden, der Verleihungszeremonie bei. Ferdinand wurde sogar auf einer Briefmarke abgebildet und landauf, landab feierte man ihn als ‚Retter zur Rückkehr des handgeschriebenen Wortes‘. Das Postküken wurde weltberühmt.

Das Märchen aber wäre nochmal so schön, wenn es eines Tages Wirklichkeit werden würde. Oder sind Märchen nicht ohnehin immer wahr? Bestimmt! Wenn nicht heute, dann eben morgen. Dann aber ganz gewiss!

[19] Unterschreiben
[20] In einen Briefumschlag stecken
[21] Marke auf einen Brief kleben

✳ WAHRE WUNDER ✳

werden wahr

Immer, wenn das Frühjahr ins Land zieht, kommt der Zirkus in die Stadt. Seit Tagen schon beobachtet Franziska von ihrem Fenster aus die staubige Landstraße, die sich drüben um die Kirche wie ein schmales, dunkles Halsband den Hügel hinaufwindet, um sich später am Horizont zu verlieren. „Dort, wo Träume und Sehnsucht einander begegnen, hat das Warten ein Ende", sagt die Mama und sie muss es wissen. Franziska starrt auch heute wieder Wünsche in die Luft. Sie kneift die Augen zusammen. Bewegt sich dort nicht etwas? Ein fernes Rattern dringt an ihr Ohr. Ist das ein Traktor? Aufgeregt verlässt das Mädchen ihren Platz und stürmt in die Küche. „Der Zirkus kommt!" Die Mutter richtet das Frühstück. „So wie jeden Tag, mein Kleines". „Aber ich höre ihn", ruft Franziska, läuft die Treppe zu ihrem Zimmer wieder hinauf und stürzt zum Fenster. Im Karton neben dem Bett kaut Helli gemächlich an einem Salatblatt. „Kröten-Town"[1] steht an der Seitenwand der braunen Schachtel. Helli ist

[1] Englisch: Stadt

der Stolz der Familie. Und es liegt an Franzi, ihr die liebevollste Pflege an-
gedeihen zu lassen, die ein Kind ihrem Haustier nur gönnen mag.

Eines Tages kam der Vater mit eben diesem Karton nach Hause, stellte
ihn auf den Tisch, und das Krötlein und sie wurden auf Anhieb beste
Freundinnen. Warum Franziska wusste, dass es sich bei Helli um eine
junge Dame handelte? Sehr einfach: Dosenschildkröten - und um ein sol-
ches Exemplar handelte es sich ganz zweifelsfrei - haben eine helle Iris[2].
Und genau solche Augen sahen sie in jenem Augenblick an. Lange. Sehr
lange. Ab diesem Moment war alles anders.

Ein Wesen ist in Franzis Leben getreten. Ihr vertraut sie sich an, wenn
ihr bange zumute ist. Ist sie glücklich, tanzt sie mit Helli eng umschlun-
gen im Zimmer herum, dass dem armen Tierchen ganz schwummrig[3]
wird vor Augen. Mutter mahnte nicht nur einmal, Franzi möge das Kleine
bloß nicht überfordern, denn auch Haustiere haben Gefühle, zuweilen
leiden sie sogar an Schwindel (es kam schon mal vor, dass sich Helli
nach einem Freudentanz übergeben musste). Aber sie war bald wieder-
hergestellt, und Franzi suchte zur Wiedergutmachung die leckersten
Salatblätter aus, die sich beim Gemüsewarenhändler finden ließen.

[2] Das Färbige im Auge
[3] Schwindelig

Helli ist natürlich auch die weltbeste Zuhörerin. Außer einem beständigen Kratzen und Schaben und, wenn sie sich an ihrer Lieblingsspeise zu schaffen macht, einem heftigen Schmatzen, ist aus ‚Kröten-Town' nichts zu hören. Langsam und bedächtig mahlt sie so lange an dem Grünzeug herum, bis es gänzlich in ihrem putzigen, kleinen Mäulchen verschwindet.

Franziska versucht ihre Sinne so scharf wie nur möglich zu stellen. Und wirklich, am Ende der langen, gewundenen Straße, kriecht ein feuerroter Wagen über den Hügel. Dahinter ein zweiter, dann ein dritter, gefolgt von einem länglichen Sattelschlepper[4], auf dem unzählige Holzstangen gestapelt sind, die Zeltmasten. Kein Zweifel, genau dort, wo sehnsüchtige Kinderaugen Morgen für Morgen den Horizont[5] absuchen, vollzieht sich das alljährliche Wunder: die Ankunft des Zirkus! Traktoren rattern zum Dorf herunter, verschwinden hinter der Kirche, werden zwischen Fleischerei und Gemüseladen wieder sichtbar und erreichen schließlich die Hauptstraße. Am Festgelände macht die Himmelskolonne Halt, um, wie jedes Jahr, eine überirdisch lange Woche Quartier zu beziehen. Mit hochroten Wangen starrt Franzi hinüber zu den bunt gestrichenen Zirkuswägen. Auf jedem von ihnen prangt in goldenen Lettern[6] und mit schön geschwungener Schrift das, was die Kinder ein ganzes

[4] Großer Lastwagen
[5] Linie zwischen Himmel und Erde, welche das Auge gerade noch erblicken kann
[6] Großbuchstaben

Jahr lang nicht müde werden, vor sich hinzuflüstern: ‚WAHRE WUNDER
WERDEN WAHR'.

Der Vormittag will und will heute nicht vergehen. Zäh kriechen die
Schulstunden dahin, und nicht einmal das sonst so beliebte Ballspiel im
Turnunterricht vergeht so rasch wie sonst immer. Ein Fieber scheint die
Dorfkinder erfasst zu haben. Ihre Wangen leuchten wie Boskop-Äpfel[7],
die Augen wie Zuckerwatte, und die Mundwinkel zeichnen ein verklärtes
Lächeln in ihre erwartungsvollen Gesichter. Endlich ertönt die Glocke,
und Franziska stürmt aus dem Schultor. Es scheint, als hätte sich das
Dorf innerhalb weniger Stunden - so lange eben wie der heutige Unter-
richt dauerte - mit kräftigen Pinselstrichen in eine andere, buntere Welt
verwandelt. An Mauern, Zäunen und Pfählen, überall hängen Zirkus-

[7] Apfelsorte

plakate, die die bevorstehenden Wunder ankündigen. Was für eine verheißungsvolle Welt, die sich da vor den Augen der Kinder auftut:

‚GROSSE GALA-PREMIERE!‘
DIE DIREKTION DES ZIRKUS "ANIMAL"
LÄDT ALLE KINDER AN DEN HÄNDEN
IHRER ELTERN EIN, DER HEUTIGEN
PREMIERE FOLGE ZU LEISTEN!

Das heurige Zirkusprogramm verheißt einmal mehr Großes. Eigentlich kennt Franziska den Zirkus unter dem Namen ‚BELLI‘, aber man muss flexibel sein. Warum nicht einmal ein anderer Name? ‚ANIMAL‘ ist auch hübsch, obwohl Franzi nicht genau weiß, was er bedeutet. Egal, Zirkus ist Zirkus, denkt sie und läuft so schnell sie nur kann nach Hause. Vater und Mutter müssen angebettelt werden, mit ihr auch heute Abend wieder, Hand in Hand, die Welt der wahren Wunder zu betreten.

Das Haus liegt verlassen da. Mutter weilt bestimmt auf einen kleinen Tratsch bei der Nachbarin und Vater besorgt wohl schon die Karten für den abendlichen Zirkusbesuch. Es kann gar nicht anders sein. Franzi nimmt zwei Stufen auf einmal, reißt die Türe ihres Zimmers auf und stürzt zum Fenster. Von hier aus hat sie einen fabelhaften Ausblick auf die langsam wachsende Zeltstadt. „Der Zirkus ist da, Helli! Der Zirkus…!“ Weiter kommt Franzi nicht, denn im nächsten Moment erstarrt sie. Dort,

wo sonst ihr Lieblingstierchen genüsslich Salatblatt um Salatblatt ver-
zehrt, ist jetzt genau… nichts! Der Karton ist leer.

Franzi stößt einen unterdrückten Schrei aus. Zu mehr ist sie gerade
nicht fähig. Hastig tastet sie den Boden ab, klettert unters Bett und in
den Schrank, öffnet jede Lade. Aber Helli bleibt verschwunden. Ob sich
bereits eines der zirzensischen[8] Wunder erfüllt hat? Die kleine Schild-
kröte ist nirgends zu sehen. Franzi sucht das ganze Haus ab. Vergebens.
Es bleibt ihr nichts anderes übrig, als den Rest des Nachmittags in ihrem
Bettchen zu verbringen und Polster und Decke nass zu schluchzen. Von
dem kleinen Krötlein fehlt jede Spur.

„Herr Direktor, sehen Sie! Was haben wir denn hier?" Ein alter Wolf in
Zirkusuniform hält den Panzer einer Dosenschildkröte hoch. Helli hat
vorsorglich Kopf und Beinchen eingezogen, sodass nur mehr ihr ver-
hornter Körper übrig ist. Der Zirkusdirektor, ein schuppiges Krokodil in
schlecht sitzendem Frack, blickt missmutig drein. „Wofür ist das zu ge-
brauchen, Edolf?" „Man könnte es Seiltanzen lassen, Chef!" „Hm", knurrt
der Direktor und stolziert quer über den Platz. Um ihn herum hebt sich
das kreisrunde Chapiteau[9] wie ein prächtiger, bunt bemalter Kragen. Ein

8 Den Zirkus betreffend
9 Zirkuskuppel

paar vierbeinige Zirkusarbeiter mit langen Rüsseln wuchten die riesige Zeltplane hoch, während eine Giraffe deren Mittelpunkt in den hohen, zentralen Mast einklinkt und so den ‚Himmel' des Zeltes fixiert. Auf das Innere der Plastikhaut sind tausende Sterne gemalt, sodass, bei entsprechender Beleuchtung, die Besucher den Eindruck haben, als spiegelte sich innerhalb des Zirkuszeltes das Universum wider. Hinter dem Musikerpodest jonglieren zwei Robben mit bunten Bällen, während Mitglieder der Seiltanztruppe ‚Los Chickies', eine aus dem fernen Kolumbien stammende Akrobatenfamilie, ihre Kunststücke auf dem Hochseil probieren. Der ‚Hühnerlauf auf dem Drahtseil' ist eine weltberühmte Attraktion und am Abend, wenn die Künstler bunte Kostüme tragen, würde niemand ahnen, dass es sich um eine aus dem Sulmtal[10] eingekaufte Gruppe

[10] Gegend in der Steiermark, in der Hühner leben, die besonders viele Eier legen

von Gelbfuß-Hendln handelt. Die Direktion des Zirkus "ANIMAL' versteht sich eben darauf, Heimatliches in Exotisches zu verwandeln. „Braucht ihr eine Kröte? Sie beherrscht das Hochseil aus dem Effeff![11]" Die Hühner unterbrechen ihre Arbeit. „Keine Chance, Chef. Unsere Nummer steht. Und Kröten sind alles andere als Seiltänzer, sorry."

Drei Nilpferde rollen quer über den Acker und wälzen den Boden platt, - später wird hier der Manegenteppich[12] ausgelegt. Der Direktor steuert die Bären-Radfahrtruppe an. „Ich habe einen Krötling eingekauft, Leute! Angeblich ein Ass am Hochrad. Verwendung für?" „Nada[13], Käpt'n! Die Nummer heißt nun mal ‚Petz und Bulli'. Bleib uns vom Leib mit Kröten. Unbrauchbar am Rad!" Missmutig macht das Kroko kehrt. Kann das denn wahr sein? Der Neuzuwachs ist nicht anzubringen.

Weiter drüben übt das Clown-Duo ‚Spidi und Little Spock' die ‚Semmel-nummer'. Dabei wird zum Gaudium von Jung und Alt, eine Wurstsem-mel von Maul zu Maul geworfen. Die Nummer ist der Höhepunkt des Programms und die beiden Rhesusäffchen[14] sind die erklärten Lieblinge des Publikums. Ihre Sprünge sehen so drollig aus, dass sich die Zelt-

[11] Etwas sehr gut können
[12] Manege = Zirkusrund
[13] Spanisch. „Nichts da!
[14] Besonders herzige Affenart

haut während ihres Auftrittes vor guter Laune aufbläht wie der Germteig eines Faschingskrapfens. „Alle mal herhören, Freunde!" Die beiden Clowns spitzen die Ohren und glotzen den Direktor an. „Ich darf euch euren neuen Kollegen vorstellen: ‚Mister Krööööt, das Wunder des Morgenlandes'!" „Was kann das ‚Wunder' denn, das wir nicht können, Boss?" „Na, wie ich schon sagte, er ist eben das ‚Wunder des Morgenlandes'. Die Kröte ist in eurer Nummer. Ende der Debatte!"[15] Damit langt der Herr Direktor in die Tasche und holt Kröte Helli hervor, deren Kopf nach wie vor eingezogen ist und deren Äuglein nur eine versierte Tierpflegerin (wie zum Beispiel Franzi eine ist) unter dem Panzer hervorlinsen sehen würde. „Hier! Macht damit was ihr wollt. Heute Abend will ich das ‚Wunder' sehen." Der Herr Direktor stolziert an den schon fertig aufgebauten Tribünen vorbei, in Richtung Direktionswagen. Ein kleines Schläfchen bis zur abendlichen Galapremiere wird sich wohl noch ausgehen.

„Helli ist verschwunden!" Die Mutter traut ihren Ohren nicht. Franziska vergräbt das tränennasse Gesicht in ihrer Schürze. Das Kinderzimmer gleicht einer umgestülpten Sandkiste. Nichts ist mehr dort, wo es einmal war. Das Chaos droht auch dem Rest der Wohnung. Mit Mühe ist die kleine Franzi dazu zu bringen, nicht auch noch die Holzdielen umzudrehen, um jeden Spalt, jede Ritze nach Helli abzusuchen. Das Tier ist und bleibt verschwunden. Die Türe öffnet sich und der Vater betritt das

[15] Streitgespräch

Schreckenshaus. In der Hand hält er drei Eintrittskarten für die heutige Zirkuspremiere. „Na, meine kleine Königin! Was haben wir denn hier?" Helli springt ihn an wie eine Puffotter[16]: „Ich hasse dich! Keine zehn Pferde bringen mich in diese unterirdische Vorstellung! Null Chance!" Und damit stürmt sie hinaus. Verdattert starrt der Vater die Mutter an, entgeistert sieht diese ihren Mann an. „Helli ist verschwunden." „Na Prost!" Zu mehr ist der Vater nicht fähig. Er legt die Eintrittskarten auf den Tisch und sinkt auf einen Stuhl. Von oben ist das Toben des Kindes zu hören.

Das Zirkusorchester spielt die Begrüßungsfanfare. Die Musikermäuse tragen schlecht sitzende Galauniformen, auf ihren Schildkappen prangt ein goldener Notenschlüssel. Von weitem sehen sie recht schmuck aus. Das müssen sie auch, die erste Zirkusvorstellung ist der alljährliche, gesellschaftliche Höhepunkt des Dorflebens. Bürgermeister, Fleischhauer und Gemüsehändler haben sich stadtfein gemacht, ihre Damen sind in Abendroben gezwängt, die Mädchen verschwinden unter einer Wolke aus Schleifchen und Tüll, und sogar die Buben tragen zur Feier des Tages gestriegelte Haarschöpfe und geschnäuzte Nasen.

Mit stolz geschwellter Brust betritt der Herr Direktor die Manege. Sein Kostüm funkelt und blitzt. Goldfäden und die prächtig silbrige Schärpe

[16] Giftschlange

machen selbst aus einem noch so schuppigen Krokodil einen wunder-prächtigen Gockel. „Hochverehrtes Publikum! Willkommen in der Welt der wahren Wunder!" Die Peitsche knallt, die Vorstellung nimmt ihren Anfang.

Franziska sitzt mit schmerzverzerrtem Gesicht zwischen ihren Eltern. Ihre Haarschleife hängt schief, das Tüllkleidchen ist mehr als rampo-niert[17]. Ganz offensichtlich hat es beim Ankleiden Meinungsverschieden-heiten gegeben. Die teuren Karten kann man nun mal nicht zurückgeben, die Vorstellung muss genossen werden. „Ich hasse Wunder", murmelt das Kind unaufhörlich vor sich hin. „Sie meint es nicht so", die Mutter nickt ihrer Nachbarin zu, und der Vater sitzt mit versteinertem Gesicht da, als wollte er der Welt die Beine ausreißen.

In der Manege tanzt das ‚Corps de Ballet[18] du Cirque ANIMAL': Zwei Truthähne und ein paar Eichelhäher geben ein prächtiges Bild ab. Das Publikum klatscht. Der Tanzdarbietung folgt die Bären-Radnummer und danach ist der Magier Edolf dran, ein in Zirkusehren ergrauter Wolf, der vor den Augen des staunenden Publikums eine indische Laufgans in sei-nem Mund verschwinden lässt, um sie später, nebst einigen flatternden Tauben, wieder hervorzuzaubern.

[17] Beschädigt
[18] Französisch: „Ballettgruppe"

Der Herr Direktor stolziert in die Mitte der Manege. „Hochverehrtes Publikum! Und nun zum Höhepunkt der ersten Abteilung des heutigen Abends! Soeben aus Monte Cuccoli zurück und mit dem heurigen ‚Clown d'Or' ausgezeichnet: ‚Spidi und Little Spock', die Könige der Spaßmacher! Und, zum ersten Male unter meiner Direktion: ‚Mister Krööööt, das Wunder des Morgenlandes'!"

Die beiden Rhesusäffchen turnen durch das Zirkuszelt, vollführen Sprünge und schneiden lustige Gesichter. Die Kinder und ihre Eltern sind außer sich vor Lachen und die Zeltplane bläht sich erwartungsge-mäß wie die Haut eines Fesselballons. Stolz beobachtet der Herr Direk-tor durch ein Loch im Vorhang sein Publikum. Eine Lachsalve nach der anderen. Die Äffchen nehmen jetzt Aufstellung. Trommelwirbel. ‚Spidi' holt eine Wurstsemmel vom Requisitenständer und wirft sie ‚Little Spock' zu, der am entgegengesetzten Ende des Zirkusrunds steht. Der fängt sie mit seinem Mäulchen auf und ploppt sie zurück. Das geht einige Male so hin und her, begleitet vom fröhlichen Applaus der Kinder. Der Herr Direktor tritt feierlich vor den Vorhang, fängt mit elegantem Schwung die quer durch die Manege segelnde Wurstsemmel auf und präsentiert sie dem Publikum. „Darf ich vorstellen, Damen und Herren: Mister Krööööt!"

„Der Mister ist eine Frau!" Eine spitze, verzweifelte Kinderstimme kreischt durch das Zelt. Franziska reißt sich vom eisernen Griff ihres Vaters los und stürmt die Reihe entlang und dann durch den Mittelgang nach vorne: „Helli!" Helli, die ‚Wurstsemmel', schiebt ihren Kopf aus der Panzerschale. Ihre hellen Äuglein ruhen auf Franzi, die inzwischen das Zirkusrund erreicht hat und sich auf das Kroko stürzt. Mit einem heftigen Stoß rammt sie den Herrn Direktor, der – überrumpelt und zu keiner Abwehr fähig – dem Kind das ‚Wunder des Morgenlandes' überlässt.

Franziska hält die kleine Kröte wie eine Trophäe[19] in der Hand, dreht sich um ihre eigene Achse und wirbelt, über dem Manegenboden schwebend, in die Höhe. Wie eine Spindel dreht sie sich um die eigene Achse, immer und immer wieder. Schon ist sie einen Meter über dem Boden, zwei Meter, drei. Der Herr Direktor, die Situation an sich reißend, bellt ins Mikro: „Mister Kröööööt, meine Herrschaften!" Applaus brandet auf, denn der Franzi-Torpedo erreicht die Spitze des Grande Chapiteaus. Dieses öffnet sich, die aufgemalten Zirkussterne vereinigen sich mit dem Nachthimmel und werden mit ihm zu einem einzigen, nie gesehenen Universum aus Schein und Sein, aus Traum und Sehnsucht. Geblendet halten die Zuseher ihre Hände vors Gesicht und springen von den Bänken auf. So ein Kunststück hat man hier im Dorf wahrlich noch nicht erlebt. Eine Welle der Begeisterung begleitet die ‚Luftnummer' bis weit

[19] Siegeszeichen

in das Leuchten der Milchstraße hinauf, in der Franziska und Helli, höher und höher kreiselnd, sich im Licht des Sternenschauers verlieren.

Der Zirkus hat Wort gehalten. Das diesjährige Programm ‚WAHRE WUN-DER WERDEN WAHR' hat sich erfüllt. Die Liebe eines Kindes macht es möglich. Und es frage keiner wie dieser Trick funktioniert. Gefühle, so sie wahrhaftig sind, überwinden Barrieren[20], heilen Schmerzen, erfüllen Träume. Vor allem aber machen sie Wunder wahr - spielend nämlich.

[20] Hindernisse

* AUCH ELEFANTEN *

können fliegen

Der Spielplatz steht dort, wo die Madame-Cama-Road die Grünflächen des nördlichen Colaba[1] teilt. In einem Teil des Parks spielen die Studenten der nahegelegenen Universität Cricket[2], im anderen Fußball. Ravi steht genau an der Grenze der beiden großen Sportanlagen. Im Sommer ähneln die Rasenflächen braunen Äckern. Kein Grashalm lässt sich blicken. Erst mit Beginn des großen Regens werden die Parkanlagen wieder von zartem Grün bedeckt. Dann atmet Ravi auf. Obwohl er ein Elefant ist, leidet auch er unter der Hitze. Die kühlere Jahreszeit hat aber noch einen anderen Vorteil: Die Kinder kommen wieder in Scharen und erobern die Spielgeräte - natürlich unter den aufmerksamen Blicken der Erwachsenen. Die Kleinen turnen und rutschen, schaukeln und schwingen vom großen Kletterturm bis hinüber zum Baumhaus. Sie balancieren über Seile und wippen auf Netzen. Sogar eine Kiste voll mit

[1] Stadtteil von Mumbai (Stadt in Indien)
[2] Ballspiel

feinstem Sand steht da. Rundum sind Sitzbänke aufgestellt, auf denen die Mamis und Papis hocken und ihren Winzlingen zuwinken. Und die strahlen begeistert zurück. Ravi kennt das Treiben der Kinder nur allzu gut. Er steht schon lange da und rührt sich nicht von der Stelle. Der kleine Elefant hat vier stämmige, kurze Beine, ein Paar geschwungene Stoßzähne, Ohren, die bis zum Boden reichen, und einen gütigen Blick, weswegen er bei den Kindern sehr beliebt ist. Über die Ohren kann man gefahrlos seinen Rücken erklimmen und über den Rüssel wieder zu Boden rutschen. Ravi ist wirklich sehr geduldig.

Heuer ist die Regenzeit früh in die große Stadt gekommen. Tagelang prasseln dicke Tropfen auf das Blätterdach der hohen Palmen, unter denen die Spielgeräte aufgestellt sind. Vor Ravi hat sich bereits eine mächtige, rötlich-braune Pfütze gebildet. Ein paar Tage wird es wohl noch brauchen, bis sich die dunklen Wolken gänzlich verziehen und die Menschen die Parkanlagen wieder für sich erobern. Ravi sehnt sich danach. Allzulange schon hat die Sonne die Stadt in Beschlag genommen. Die Kinder stöhnten unter der großen Hitze und verbrachten die meiste Zeit in Wohnungen, Kinos oder in den Ferienschulen. „Jetzt aber werden sie bald wiederkommen", denkt Ravi und er sollte Recht behalten. Kaum haben sich die ersten dicken Regenwolken über der Stadt entleert und Straßen, Plätze und Grünanlagen frisch gewaschen, schimmern auch schon zaghafte Herbstsonnenstrahlen durch die tropfnassen Palmenblätter, und die Kinder kommen in Scharen angerannt. Im nördlichen Teil des Parks wird wieder Cricket gespielt, im südlichen Fußball und an der Madame-Cama-Road lassen sich die Familien nieder und packen ihr Picknick aus. Ravi freut sich jedes Jahr auf den Beginn der kühleren Jahreszeit.

Die meisten der Buben und Mädchen kennt er schon recht gut. Viele haben ein Lieblingsspielgerät, das sie mit lautem Geschrei als erstes aufsuchen. Um Ravi bildet sich eine regelrechte Warteschlange. Jubelnd erklimmen sie seinen Rücken, ausgelassen rutschen sie zu Boden. Die Großen können es schon ohne Hilfe der Eltern, bei den Kleinen müssen die Papis noch ein bisschen nachhelfen. Ravi steht da und erträgt den Ansturm mit steinernem Gleichmut. Was bleibt ihm auch anderes übrig. Es freut es ihn, wenn die Kinder Spaß an ihm haben, Ravi ist schließlich ein Klettergerüst - er kann sich gar nicht vom Fleck bewegen. Er denkt: „Wenn es mich schon hierher verschlagen hat, dann kann ich auch gleich Spaß dran haben. Es ist nun mal mein Beruf, als Spielgerät zu arbeiten, also was soll's." Dabei hat er es noch gut getroffen. Die meisten seiner Verwandten stehen in Reih und Glied drüben im Park der Universität, so nennt man die Schule, in die die Erwachsenen gehen um einen ‚gescheiten' Beruf zu erlernen. Ein Heer aus Steinelefanten ist dort zu beiden Seiten der breiten Allee aufgestellt. Unzählige Studenten gehen mit Büchern in der Hand vorbei, ohne von den prächtigen, stummen Wächtern Notiz zu nehmen. Ravi ist froh, dass er hier bei seinen Kindern Dienst machen darf.

Nur ein Problem gibt es, und das ist kein kleines. Es betrifft seine Ohren. Richtig, die Ohren sind ziemlich groß. Man kann sagen, dass sie dem Künstler, der Ravi erschaffen hat, einfach zu groß geraten sind. Indische Elefanten haben kleine Ohren. Ravi aber hat große. Ob es ein Versehen war oder ob das Material, aus dem er gemacht war, mit der Zeit nachgab und den Weg aller Schwerkraft ging, lässt sich nicht mit Bestimmtheit sagen. Er vermutet Ersteres. Dennoch, Ravi schämt sich für dieses Manko[3]. Den Kindern ist das natürlich egal. Im Gegenteil, sie benutzen die großen Lappen gerne, um beim Klettern zusätzlich Halt zu finden. Nur manche Halbwüchsige, angestachelt von besserwissenden Erwachsenen, machen sich lustig über den kleinen Elefanten mit den großen

[3] Mangel

Ohren. „Das ist kein Inder!", rufen sie. Und: „Geh zurück nach Afrika! Dort haben sie so große Ohren wie du!" Und das ist noch nicht mal das Schlimmste, das Ravi zu hören bekommt. Wahrscheinlich mag er deshalb die Kleinen am liebsten.

In der trockenen Jahreszeit, wenn er einsam in der großen Hitze dasteht und genügend Zeit zum Nachdenken hat, träumt er insgeheim von Afrika. Obwohl er nicht genau weiß, wo Afrika liegt, wurde es mit der Zeit zu seinem Traumland. „In Afrika", denkt er, „sehen sie alle so aus wie ich. Ich glaube, ich habe große Sehnsucht dort mal vorbeizuschauen." Das Wort ‚Sehnsucht' hat er von einer der Mamis aufgeschnappt. Er ist sich zwar nicht ganz sicher was es bedeutet, aber seither benutzt er es gerne. Nacht für Nacht, wenn der Kinderspielplatz unbeleuchtet daliegt und die Klettergerüste vor sich hindösen, denkt Ravi an das Wort ‚Sehnsucht'. „Ich möchte dorthin", sagt er dann. Manchmal spricht er so laut mit sich selbst, dass die große, alte Rutsche herüberblinzelt und zischt: "Halt den Mund, Ravindram, ich möchte ein kleines Nickerchen machen, das Frühgeschäft geht bald los und ich brauche meine Ruhe!" Dann verstummt Ravi, denkt aber nur noch intensiver an sein Traumland.

Eines Tages passiert es: Ganz in der Nähe des Kinderspielplatzes an der Madame-Cama-Road lässt sich eine ziemlich freche Lachmöwe auf einer der Sitzbänke nieder. Sie keckert, plustert ihr Gefieder und verpasst der

Sitzfläche einen kleinen Schwatzer[4]. „Was guckst du so kariert?", schnabelt sie. „Hast wohl noch nie eine fesche Möwin gesehen, was?" Ravi starrt sie verwundert an. Die Möwe lacht so laut, dass Ravi erschrickt. „Ziemlich riesige Ohren seh' ich da, Kleiner". Sagt's, lässt ein kleines Federchen zu Boden gleiten und erhebt sich in den Morgenhimmel über Mumbai. Ravi starrt ihr nach. „Hat man je so einen Frechdachs gesehen?", denkt er. Aber eigentlich muss er der Möwendame Recht geben. Das mit den Ohren ist eben sein Problem. „Immer dasselbe," denkt Ravi, „ein Ortswechsel würde mir vielleicht wirklich gut tun." Kaum hat er das gedacht, und noch bevor die Frühschicht der Kinder den Park erobert, landet die Möwe erneut neben ihm auf der Sitzbank. Wieder hinterlässt sie einen Schwatzer[4] und lacht sich halb tot darüber. „Kannst du eigentlich fliegen damit?" Sie deutet auf die Schlappohren. „Nie probiert", brummt Ravi missmutig. „Na, dann wird's Zeit." „Hm," sagt Ravi, „ich will eigentlich schon länger nach Afrika rüber, weiß bloß noch nicht genau, wo das ist. Hab halt ‚Sehnsucht'." „Null Problem, Kleiner", keckert die Möwe, „Ein paar meiner Verwandten fliegen heute Abend los. Kannst dich ihnen anschließen, wenn du magst. Wann hörst du hier auf?" „Muss auf jeden Fall bis Sonnenuntergang bleiben. Gegen sieben bin ich frei." „Hast Glück, Ohrwaschlkaktus", schimpft die freche Möwe, „Um die Zeit wollen sie los. Ich bin nicht mit von der Partie. Halte hier die Stellung. Aber die Tanten und Onkels nehmen den Nordwind und flattern runter, Richtung Süden. Paar Tage Ferien. Kannst gerne mit!" Und im nächsten Moment ward sie schon nicht mehr gesehen.

[4] Vogelpatzerl

Ein Gedanke war Ravi tatsächlich noch nie gekommen: Ob Afrika überhaupt eine Landebahn hat? Wo würde er ankommen? Und das Wichtigste: Kann er überhaupt fliegen? Er erinnert sich, dass eine der Mamis ihrem Kleinen mal etwas von fliegenden Elefanten aus einem Buch vorgelesen hat. „Hm..." Ravi starrt vor sich hin. Er überlegt. Wie das wohl zu machen wäre? Die freche Laus hat einfach ein bisschen mit den Federn gewackelt und schon ging's hinauf mit ihr. Ob er das auch zusammenbringt? Einen Versuch wäre es schon wert. Sollten die blöden Schlappohren doch zu etwas gut sein? Ravi steht da und je länger er nachdenkt, desto schläfriger wird er. Das Erscheinen der Kinder bekommt er heute nur sehr vage mit. Er hört ihre aufgeregten Stimmen, viel mehr aber schon nicht. Er ist einfach zu müde…

Der Tag neigt sich dem Ende zu. Gegen halb sieben verschwinden auch die letzten, blutorangen Sonnenstrahlen, und die Nacht breitet ihre samtene Decke über die Stadt. Die Sterne funkeln und begrüßen die schläfrige Welt. In den Häusern und Hütten legen die Kinder jetzt ihre Köpfchen auf die Pölster. Ravi lauscht in die Nacht hinein. Ist da etwas? Das ist doch…, nein, er täuscht sich nicht. Ein leises Keckern liegt in der Luft, es schwillt an, wird lauter, bis sich endlich ein ganzer Schwarm Lachmöwen auf den Bänken und Klettergerüsten des Parks niederlässt. „Da ist ja der Kleine!", schnattert eine fette Möwe. „Damit kann nur ich gemeint sein", denkt Ravi und wedelt mit den Ohren. „Oh, wie fesch! Das kann er auch!" Die Möwen kichern und hopsen in Ravis Nähe. „Meine Tochter hat

gesagt, du magst mit in den Süden. Was ist, sind wir dir gut genug?"
„Ich möchte kurz mal rüber nach Afrika", stottert Ravi und macht mit
seinem Rüssel eine ausholende Geste – etwas zu ausholend, denn sie
bringt ihn beinahe aus dem Gleichgewicht. Bei den frechen Läusen darf
man sich keine Blöße geben. „Na dann los!", rufen sie, „Wir werden das
blöde Afrika schon finden." Der Möwenschwarm erhebt sich und zieht
eine große Kurve über dem Park. „Wartet, ich komme mit! Ich muss doch
die Typen mit den Segelohren in Afrika suchen!" Und er schlägt wie wild
mit den Schlappern um sich, so fest und so lange, bis sich seine Füße
vom Boden lösen, er mit elegantem Schwung abhebt und hoch hinauf in
den Himmel segelt. Ist das eine Lust! Der Spielplatz, der Park, die Stadt,
alles wird kleiner und Ravi jauchzt vor Freude. „Wartet auf mich! Ich
kann noch nicht so schnell!" Die Möwen umkreisen den kleinen, fliegenden Elefanten und nehmen ihn in ihre Mitte. Sie lachen und schnattern
durcheinander. Mit der Zeit aber verstummen sie, denn sie brauchen ihre
ganze Kraft, um sich von einer Windböe zur anderen, von einer Luft-
strömung zur nächsten treiben zu lassen. Und Ravi hat alle Ohren voll zu
tun, ihnen zu folgen. Seine Flatterlappen rotieren wie die Propeller der
Sportflugzeuge, die manchmal über dem Park ihre Runden ziehen.

Am Beginn von Südindien stoßen sie auf eine Gruppe Seeschwalben, die
sich ihnen anschließt. Danach, noch weiter südlich, kommt eine For-
mation Regenpfeifer in Sicht. Ravi ist langsam am Ende seiner Kräfte.
Er nähert sich der Leitmöwe und flattert eine Zeit lang neben ihr her.

„Könnten wir nicht, ich meine…" „Pause gefällig? Jetzt, wo wir langsam warm werden?" „Naja," keucht der kleine Elefant, „versteh mich nicht falsch, aber… ich bin's nicht so gewöhnt. Außerdem will ich heute noch nach Afrika rüber." „Ach ja. Na schön." Die erfahrene Möwe nimmt eine Gegenströmung, steigt auf und segelt in einer weiten, endlos weiten Kurve zur Erde hinunter. Der Schwarm folgt ihr. Ravi bildet die Nachhut[5]. Unten kommt eine Flusslandschaft in Sicht, sie wird größer und größer, und am sandigen Ufer, ganz in der Nähe eines Palmenhaines[6], stemmen die Vögel ihre Füße gegen den Fahrtwind und setzen auf. Ravi tut es ihnen gleich, allerdings nimmt er statt der Füße seine Ohren zu Hilfe, die ihn aber ebenso sanft landen lassen. „Gratuliere," keckert die Leitmöwe, „für ein Bodentier nicht schlecht!"

Die Flusslandschaft im äußersten Süden Indiens heißt Kerala. Während sich die Möwen zur Ruhe hocken und bald darauf in einen tiefen Erschöpfungsschlaf fallen, ist Ravi viel zu aufgeregt, als dass er jetzt schlafen könnte. Er schlendert hinüber zu einem Tümpel, an dessen Ufer ein Schwarm rosaroter Vögel mit dünnen Stelzenbeinen steht. Bedächtig suchen sie unter der Wasseroberfläche nach Futter. „Entschuldigung. Kann mir jemand sagen, wie ich von hier aus am besten nach Afrika rüberkomme?" Einer der Flamingos hebt den Kopf und betrachtet

[5] Am Ende einer Reihe oder Gruppe (Militär)
[6] Kleiner Palmenwald

Ravi. Lange. Dann rollt er die Augen einmal rundherum und formt seinen langen Hals zu einem Fragezeichen. „Stellt euch vor, der Typ will nach Afrika! Was sagt man dazu?" Ein vielkehliges Lachen ertönt ringsum, und die rosaroten Wasservögel recken ihre krummen Schnäbel und krächzen, dass der Himmel von ihrem Geschrei erfüllt ist. „Ich meine es ernst", sagt Ravi, „Ich komme aus Mumbai, im Norden, und ich will zu meinen Verwandten nach Afrika. Ist es noch weit bis dorthin?" „Dauert eine Ewigkeit, mein Freund", sagt der Flamingo. „Da liegt ein ziemlich großes Wasser dazwischen. Ich wäre ein bisschen vorsichtig an deiner Stelle. So richtig trainiert schaust du mir nicht aus, Dickerchen." Ravi wendet sich beleidigt ab. „Sei nicht so biestig, René", schnarrt ein anderer Vogel und stolziert zu Ravi. „Wir starten morgen, gleich in der Früh. Wollen auch rüber. Allerdings sind wir nicht alleine. Eine Abordnung Ibisse[7] begleitet uns. Wir sind ein paar hundert Passagiere." „Ich komme mit", sagt Ravi. „Na schön", antwortet der Rosarote, stelzt zum schlammigen Ufer zurück und widmet sich wieder der Jagd nach kleinen Fischen. Auch Ravi lässt sich's schmecken. Ein bisschen saftiges Ufergras nebst ein paar knackigen Ästen aus dem Unterholz eines nahen Wäldchens, dann streckt er sich am angenehm kühlen Ufer aus.

Es ist noch dunkel, als ihn ein mächtiges Krächzen weckt. Die Luft ist erfüllt von aufgeregt schnatternden Vogelstimmen. Eine unübersehbare

[7] Vögel mit langen gebogenen Schnäbeln

Schar von Ibissen macht sich zum Abflug bereit, ebenso die komplette Flamingo-Abteilung. „Los geht's!" Ein heiseres Kommando und das hohe Gras wogt hin und her, als ob ein Sturm losbräche. Eine riesige Wolke flatternder Schwingen erhebt sich, und mittendrin: ein dickes, graues Etwas, das sich mit seinem Rüssel an einige kräftige Flamingomännchen krallt und hoch hinauf in die Luft gehoben wird. Bald schon verschwindet der Schwarm aus dem Gesichtsfeld der schläfrig hinterdrein blickenden Möwen. Wenig später geht die Sonne auf, die Wolke an Vogelleibern beschreibt einen großen Bogen über der Unendlichkeit des Arabischen Meeres und verliert sich im glühenden Rot des neuen Morgens.

Tage später, Ravi ist bereits mehr als erschöpft vom langen Flug und droht schlapp zu machen, kommt die Küste in Sicht. „Dort ist Afrika, kleiner Elefant, dort bist du zu Hause! Bald hast du's geschafft!" Ravi ist viel zu kaputt um zu antworten. Mit letzter Kraft krallt er sich an den Schwanzfedern einer Abordnung der stärksten Flamingos fest. Sein Rüssel schmerzt, aber er lässt nicht locker. Der Flug war wirklich an-strengend. Aber der Wille versetzt bekanntlich Berge und so landet der kleine Elefant mit den großen Ohren nach endlosem Flug sanft, aber erschöpft, am Ufer eines großen Sees.

Afrika! Er ist angekommen. Hier wohnt seine ‚Sehnsucht'. Genau so hatte er sie sich vorgestellt. Zu Hause, am Spielplatz, wird ihm das gewiss keiner glauben. Die Vögel hocken sich ins weiche Gras. Bevor er Afrika erkunden will, muss sich Ravi aber noch die Müdigkeit aus seinen Federn schütteln. „Gratuliere, Kleiner!", kräht ihm eine hagere Flamingo-Dame ins Ohr. Es ist das Letzte, das er noch wahrnimmt – dann schnauft und grunzt er, was das Zeug hält.

Drei Tage später schüttelt er den feuchten Sand von den Schultern, trompetet sich ein paar Rüssel warmes Wasser über Kopf und Kragen und frisst sich mit Blättern und Zweigen satt, so lange, bis er wieder der Alte ist. „Afrika!", denkt Ravi, „Endlich! Danke für die Überfahrt!" Er winkt den Vögeln zu. „Und jetzt ab zu den Großohren!" Ravi entfernt sich vom Vogelschwarm und stapft und stapft und stapft immer auf der Suche nach der ‚Sehnsucht' und nach seinesgleichen.

Bald schon steht er vor einem überirdisch großen Bullen. „Guten Tag. Denke, ich bin hier richtig in Afrika?" Der Riese starrt ihn an. „Wie gefällig?" „Ich komme aus Indien angeflogen. Ich habe dich gesucht und gefunden. Ich bin wie du!" Der Bulle schlägt mit den großen Ohren und trottet weiter. „Hallo! Hörst du nicht? Ich bin wie du! Ist das nicht Afrika hier?" Der riesige Elefant blickt sich nicht einmal mehr um. „Keine Ahnung", knurrt er. Und weg ist er. Ravi geht kopfschüttelnd weiter. Offenbar versteht ihn Großväterchen nicht. Aber wer tagelang fliegt, der lässt sich auch von einem störrischen, missmutigen Alten nicht aus der Ruhe bringen.

Als Nächstes begegnet Ravi einer stattlichen Elefantenherde. „Tag, Leute! Ich komme aus Mumbai angeflogen. Ich bin so wie ihr!" Die Tiere traben weiter, ohne ihn zu beachten. „Hallo? Ist das hier nicht Afrika?" Die Elefanten schlackern zwar mit ihren großen Ohren, aber sie nehmen keinerlei Notiz von ihm. „Na, ihr seid gut. Ich bin doch nicht aus Pappe. Sprecht ihr nicht mit mir?" „Hau ab. Flieg zurück nach Indien. Wir nehmen hier keine Vögel auf!" Enttäuscht bleibt Ravi stehen. Ist das möglich, dass die Tiere in Afrika so unfreundlich zu ihresgleichen sind?

Am nächsten Tag kreuzt eine alte Leitkuh seinen Weg. Sie bricht aus dem Gebüsch hervor und wäre beinahe auf Ravi getreten. „Wer bist denn du, Kleiner?" „Ich heiße Ravi und ich komme aus Indien angeflogen." „Geflogen? Bist du eine Gans? Du siehst eher aus wie einer von uns. Obwohl… hm, lass dich mal ansehen. Umdrehen!" Der Kleine tut wie ihm befohlen und präsentiert sich von allen Seiten. „Woher kommst du?" „Aus Mumbai. Das liegt in Indien." „Und was willst du hier?" Die Alte schlackert mit ihren riesigen Ohren und beäugt das wunderliche Wesen zu ihren Füßen. „Ich bin wie du, weißt du. Bei mir zu Hause lachen sie mich aus. Indische Elefanten haben kleine Ohren, ich aber habe große. Deshalb wollte ich so gerne nach Afrika rüber, um nachzusehen, ob hier wirklich alle solche Lappen haben wie ich." „Und?" „Ich sag's doch: Ich bin wie du!" „So, so. Du bist wie ich. Was treibst du dort in Indien, wenn man fragen darf?" „Ich arbeite als Klettergerüst." „Was ist denn das?" „Das ist so was auf einem Spielplatz, auf das die Kinder steigen und

53

dann runterrutschen. So was bin ich." „Du bist nicht wie ich, lass dir das gesagt sein. Nie und nimmer!" Und die alte Elefantenkuh trottet weiter ihres Weges ...

Aufgeregte Kinderstimmen wecken den kleinen Elefanten. Er braucht lange, um sich zurechtzufinden und denkt: „War ich tatsächlich ...?" Ravi blinzelt hinauf in den Himmel. „War das ein Traum?" Wolken ziehen vorbei. Sind das Wolken? Oder ist es ein Vogelschwarm, der gerade die Sonne verdunkelt? Tatsächlich, aufgeregtes Krächzen ist von drüben zu hören - dort, wo der Marine Drive die Einwohner von Mumbai zu einem herrlichen Sandstrand entführt. Dort werden sie sich niederlassen, die Vögel, um ein Schwätzchen abzuhalten. Vielleicht planen sie ja auch eine kleine Reise in den Süden. Ravi klopft sich den Schlaf aus den Knochen und macht sich an seine Arbeit. Stramm steht er da, bereit die Kinder auf seinen Rücken steigen und über seinen Rüssel wieder hinunterrutschen zu lassen.

Trotzdem es schon Regenzeit ist, legt die Sonne ihre späte Sommerhitze über die Stadt. Ravi heißt eigentlich ‚Ravindram'. Und ‚Ravindram' bedeutet ‚Sonne'. Er wurde nach dem großen Himmelskörper benannt. Heute Nacht war er ihm ein wenig zu nahe gekommen, drüben, am anderen Ende der Welt, dort, wo die ‚Sehnsucht' wohnt. Wie froh er ist, hier an der Grenze der beiden großen Rasenflächen stehen zu dürfen, zwischen Cricket und Fußball, inmitten von spielenden Kindern, inmitten seiner

vertrauten Stadt, die alles andere als in Afrika liegt. Mumbai liegt in Indien. Und von da möchte er auch nicht weg. Trotz seiner großen Ohren. Hier hat er das Licht der Welt erblickt und hier will er bleiben. Er ist schon sein ganzes junges Leben hier. Wahrscheinlich war wohl alles ein Traum. Und das ist auch gut so. Träume sind dazu da, geträumt zu werden. Aber das Leben ist dazu da, gelebt zu werden. So einfach ist das.

Ein Schwarm Möwen zieht über den Park hinweg. Langsam hebt Ravi den Kopf und sieht ihnen nach. Er lächelt. Ein Kind kommt gelaufen, hält sich an den großen Ohren fest und klettert auf seinen Rücken. Ravi schließt die Augen und ist – einfach nur glücklich.

Wir alle

eben

Bepsch, die Biene, war ein sehr hochmütiges Wesen. Der ganze Stock wusste davon. Der junge Herr fühlte sich tatsächlich als etwas Besonderes. An sich zu glauben ist natürlich nichts Verwerfliches. Lässt man das andere aber allzu deutlich fühlen, kann es ganz schön lästig sein. Wenn Bepsch am Morgen aus seiner Wabe herausflog und einem seiner Kameraden begegnete, hatte er nicht mehr für ihn übrig als ein verächtliches Lächeln. In der Schule war es nicht anders: Alle Schüler saßen artig in ihren Bänken und der Herr Lehrer betrat das Klassenzimmer um Unterricht zu geben, schon schnellte sein Flügelchen in die Höhe. „Was willst du, Bepsch?", fragte der Lehrer. „Ich weiß es", sagte dann der selbstverliebte Neunmalklug, und alle steckten die Köpfe zusammen und tuschelten über den vorlauten Schüler. „Was weißt du denn?", fragte der Klassenlehrer. „Wie das Leben geht", antwortete Bepsch, reckte hochmütig sein Wollköpfchen und ruderte mit den Flügeln, um seinen kecken Worten Nachdruck zu verleihen.

Zu Mittag, das gleiche Bild. Vater, Mutter und die Geschwister saßen um den Tisch und alle waren damit beschäftigt ein paar fette, wohlmundende Pollen aufzuschmatzen, da meldete sich Bepsch zu Wort. „Was willst du uns sagen, mein Liebling?" Die Mutter sah ihren kecken Jungen gutmütig an. „Dass ich in der Schule heute wieder der Beste war. Ich wusste Bescheid." „Du bist eben etwas Besonderes", sagte der Vater, blätterte in der Zeitung und widmete sich einem interessanten Artikel über das Imkerwesen[1]. Vater kümmerte sich nur sehr oberflächlich um die Erziehung seiner Kinder. „Er lässt die Zügel schleifen", pflegte Mutter zu sagen. Und das bedeutete, Bepsch wuchs so auf, wie es ihm, und nur ihm allein passte. Und das war nicht immer zu seinem Besten.

Nach dem Essen unternahm Bepsch wie immer seinen ‚Inspektions-Rundflug'. Meist startete er bei den Blumenfeldern am Bachbett, dort wo die großen Steine lagen, um die herum sich das Wasser besonders übermütig glucksend seinen Weg bahnte. „Her mit dem Nektar", rief er den fetten gelben Blumen schon von weitem zu. Beleidigt wandten sie ihre dottergelben Köpfchen ab, aber es nützte ihnen nichts. Bepsch umrundete sie wie ein Helikopter, hockte sich breitbeinig auf die schweren Dolden und tat sich gütlich an ihren saftigen Blüten. So trieb er es mit jeder einzelnen Blume und als er genug Nektar geschlürft hatte, brumm-

---

[1] Lehre der Bienenaufzucht

te er, ohne die Mädels auch nur eines Blickes zu würdigen, ja selbst ohne ein Wort des Dankes, davon. Kurze Zeit später nahm Bepsch auf den nächsten vielversprechenden Blüten Platz, um das räuberische Spiel von neuem zu beginnen. Natürlich ist es für Bienen nichts Verwerfliches, sich über Blumen herzumachen, speziell für seine Schwestern gehörte das Auffüllen ihrer Honigkübelchen zur täglichen Arbeit. Die Art und Weise aber wie er es tat, einfach nur zum Vergnügen, das ging gar nicht. In- nerhalb seiner Mischpoche[2] war Höflichkeit erstes Gebot. Man wusste, dass man nur so lange überlebensfähig war, wie man auch alle anderen Wesen höflich behandelte. Bepsch beeindruckte das wenig. Hochnäsig führte er die Rundflüge fort, Tag für Tag, Woche für Woche.

[2] Aus dem Hebräischen: Verwandtschaft, Familie

Einmal traf er unterwegs einen Marienkäfer. Der kleine Mann saß träge auf einem Blatt und ließ sich die Sonnenstrahlen auf die Punkte scheinen. „Was bist du wert?", grinste Bepsch und umkreiste den verschreckten Kerl. Beinahe wurde dieser von seinem Ruhekissen geweht, soviel Wirbelwind verursachte die aufdringliche Biene. „Was heißt, was bin ich wert? Sehr viel, du Frechdachs!", antwortete der Käfer. „Ich bin kein Dachs, du Laus. Ich bin eine Honigbiene, du kannst auch Drohne zu mir sagen. Respekt also, junger Mann!" „Und ich bin keine Laus, sondern ein Marienkäfer. Mein Reichtum sind die Punkte auf meinem Mäntelchen. Nur dass du's weißt, Großmaul." „Meine Leute sammeln Pollen ein, damit werden die Jungen unserer Familie ernährt. In weiterer Folge produzieren wir Honig. Damit das mal klar ist." Bepsch rollte seine großen Augen und glotzte den Käfer an. „Und wozu bist du nützlich, Kleiner?", fragte er. „Wenn du's genau wissen willst, ich vertilge Blattläuse und anderes Ungeziefer. So fege ich die Blätter sauber und halte sie am Leben. Wenn das nichts ist, Frechlippe!" Bepsch aber zuckte nur hochmütig die Achseln und flog weiter.

Auf einer Waldlichtung ließ er sich nieder, um ein bisschen zu verschnaufen. Eine Ringelnatter ringelte des Weges und genoss den warmen Boden. Schläfrig hob sie den Kopf. „Sieh an, Bepsch, das Großmaul! Was treibt dich in die Gegend, Stechling?" Bepsch plusterte sich und blickte gelangweilt auf die Schlange. „Was bist du wert?", murrte er, während er das schöne schlanke Tier umrundete. „Was ich wert bin? Was ist das für eine dumme Frage. Jeder von uns ist etwas wert!

Schreib dir das hinter deine affigen Flügel." „Und was genau, wenn man fragen darf?" Bepsch nahm am nächstliegenden Grashalm Platz. „Die Menschen brauchen uns. Wir liefern lebenswichtige Medizin." „Und wogegen, wenn man fragen darf?" „Gliederreißen und Gelenksentzündungen zum Beispiel. Weiß doch jedes Kind." „Du lieferst das?" Bepsch zog seine Brauen hoch und musterte die Schlange aus engen Sehschlitzen. „Du? Du bist doch nichts als eine fette, unnütze Schlange!" „Das beweist deine Dummheit, Bepsch. Die Kollegen Kobra[3] und Klapper[3] sind Spezialisten in dieser Angelegenheit. Wir anderen vermarkten das Zeug und bringen es unter die Leute. Nie was von Ökonomie[4] gehört?" Damit ließ die Natter die Biene Biene sein und schlängelte durch das dichte Gras davon.

„Was seid ihr wert?", rief Bepsch den unter ihm grasenden Schafen zu. „Blödmann", blökten sie und kauten unbeirrbar weiter an den saftigen Gräsern. „Na, keine Antwort ist auch eine Antwort!", rief Bepsch und surrte weiter. „Wir stehen als Rasenmäher unter Vertrag!" Eines der Wollschafe nahm die freche Biene ins Visier. „Ich habe jedenfalls noch nie gehört, dass deinesgleichen je Gras geschnitten, für den Winter Wolle gegeben und ausreichend was für den Tiefkühler zur Verfügung gestellt hätte!"

[3] Schlangenarten
[4] Wirtschaft: Kaufen und Verkaufen von Waren

Unter einem Hochstand[5], am Rande der Lichtung, dort wo sonst die Waidmänner dicht gedrängt auf das Rotwild lauern, lag Bello, der zottelige Jagdgehilfe. „Was ich wert bin? Hat man je so eine hochnäsige Hummel gesehen?" „Bleiben wir bei der Wahrheit, mein Bester! Ich bin aus dem Geschlechte der Honigbienen, gestatten." „Pi, pa, po!", bellte Bello und dabei hingen seine Lefzen[6] vor Ärger bis auf den Boden. „Du bist das Letzte, Bepsch, lass dir das von einem gesagt sein, der das Leben kennt. Wenn du's genau wissen willst: Wir sind hauptsächlich im Sozialdienst tätig. Lawinen stochern, Drogen[7] schnüffeln, Blinde führen. Das muss fürs Erste reichen, Hochnase!"

Wind kam auf. Die Zweige der Bäume ächzten und Bepsch, die freche Biene, kam gehörig ins Trudeln[8]. „Aufhören!", rief er außer Atem, aber es hörte ihn niemand. Und der Wind legte sich auch nicht. Im Gegenteil, er wurde zum Sturm. Bepsch krallte sich an eine Tannennadel und trachtete danach, bloß nicht hinunter auf die Erde zu blicken. Schwindelfrei war er nämlich keineswegs. Der große, alte Baum neigte sich bedrohlich. „Nanu, was treibst du denn da, - gehören kleine Bienen bei diesem Wetter nicht längst in ihre Wabe?" „Pah!", rief Bepsch, „Sag mir wenigstens wofür du gut bist?" „Höre ich recht, du freche Hupfdohle? Willst wissen,

[5] Ausguck von Jägern
[6] Lippen von Hunden und Raubtieren
[7] Suchtmittel
[8] Schaukeln

wofür Bäume gut sind? Nie was von Sauerstoff gehört? Der liegt in der Luft, und Luft ist das, was alle am dringendsten brauchen. Mit einem Wort, ohne uns gäbe es kein Leben. Dafür sind wir gut! Kapiert, Dummkopf?" Und bevor sich Bepsch noch mit den dünnen Widerhaken seiner Ärmchen festkrallen konnte, pflückte eine Sturmböe die kleine Biene von ihrem Rastplatz und schleuderte sie in eine, mit hoher Geschwindigkeit durch die Wipfel pfeifende Windhose[9]. Willenlos wurde Bepsch hoch hinauf und wieder tief hinunter geschleudert, als ein willfähriger Spielball aufbrausender Natur. Fast schien es, als würde die freche Biene für ihre Ungebührlichkeiten zur Rechenschaft gezogen werden, bis sie sich endlich im Gestrüpp einer Distel wiederfand, umgeben von piekenden, spitzen Dornen. „Hier warte ich mal das Schlimmste ab", dachte Bepsch - und tat das dann auch. Bald ließ der Wind nach und er traf Vorbereitungen für den Heimflug. Die Dämmerung fiel über Wald und Flur und gewiss warteten seine Eltern bereits mit einem leckeren Pollennachtmahl auf ihn.

[9] Luftwirbel

Da fiel sein Blick auf den Wegesrand. Eine Handvoll Kieselsteine lag da. „Na, ihr Langeweiler! Wofür seid ihr denn gut?" Bepsch wusste wirklich in jeder Lebenslage zu verblüffen. Gerade nochmal mit seinem jungen Leben davongekommen, teilte er schon wieder gehörig aus. „Du hast sie ja nicht alle! Das weiß doch jedes Kind, wofür wir taugen. Hat man so was schon gehört?" Die freche Biene verzog die Mundwinkel zu einem ungläubigen Grinsen. „Heraus mit der Sprache. Ich bin gespannt wozu ein paar uninteressante Steinchen taugen!" Die Kiesel kullerten durcheinander. Ein Windstoß pfiff knapp über den Boden und brachte den Rain[10] ein wenig in Unordnung. „Wir sind dazu da, dass die Menschen auf Wegen gehen können. Wir befestigen Straßen. Größere von uns bilden Mauern und Brücken, andere sind zu Häusern aufgeschichtet. Wir sind sogar sehr wichtig, Dumpfbacke!"

Nachdenklich nahm Bepsch zu Hause am Abendbrottisch Platz. Um den Tisch waren seine Geschwister vollzählig versammelt. Mutter schöpfte aus einer tiefen Schüssel dampfende Pollenknödel, und die Kinder langten kräftig zu. „Hast du keinen Appetit, mein Kleiner?" Der Vater blätterte in der Zeitung, blickte auf und betrachtete stirnrunzelnd seinen Sohn. „Möchte wissen, wozu du nütze bist, Blödmann?" Einer seiner Brüder hatte die Frage gestellt. Alle sahen ihn an. „Warum fragst du das?", sagte Bepsch. „Weil du völlig sinnlos da herumsitzt. Kommst zu spät und atmest

[10] Grenze eines Feldes

unsere kostbare Luft weg. Verschwinde von hier, dann können wir deine Portion aufessen." Bepsch sah seinen Bruder ungläubig an. Dann füllten sich seine großen Insektenaugen mit Tränen. Er wandte sich ab und stand auf. In der Wabentüre blieb er stehen. „Langsam und zum Mitschreiben: Ich bin genauso nützlich wie du, mein Bruder. So wie Papa und Mama, so wie alle anderen unserer Brüder und Schwestern, und ganz genauso wie die Marienkäfer und Ringelnattern, wie die Schafe, Hunde, Bäume oder sogar die Kieselsteine. Verstehst du das? Jeder von uns ist gleich wichtig für die Erhaltung aller. Wir alle machen die Natur aus. Jeder kann etwas anderes. Und nur wenn wir zusammenhalten, können wir überleben."

Bevor er die Türe hinter sich schloss, drehte er sich noch einmal um. „Wir müssen zusammenhalten, Bruder", sagte Bepsch leise, „Kapiert?" Dicke Tränen kullerten seine Wangen hinunter. Er entschloss sich dazu, seinen heutigen ‚Inspektions-Rundflug' wegen besserer Einsicht nicht fortzusetzen. Auf den morgigen würde er ebenso verzichten wie auf den übermorgigen. So wie auf alle weiteren künftigen Flüge auch. Bepsch würde nie mehr wieder fliegen, um den ‚Wert' anderer festzustellen. Wozu auch? „Wir sind eben alle gleich viel wert, Bruder. Und gleich wichtig. So ist das. Wir alle eben."

Bepsch putzte sich die Nase, wandte sich um und ging.

★ Herschel, das Hörnchen ★

und sein Freund Eli

Wie Herschel zu seinem Namen kam, vermag heute keiner mehr zu sagen. Vielleicht weil er im Waldstück nahe der jüdischen Gemeinde geboren wurde. Herschel war ein Eichhörnchen. Eines frühen Septembertages erblickte es das Licht der Welt. „Ein Junge!", rief seine Mutter. Herschel war der einzige seines Geschlechts, den Mami bei diesem Wurf gebar. Vielleicht galt ihm auch aus diesem Grund von Anfang an die ganze Aufmerksamkeit der Familie. Das war den süßen kleinen Mädels gegenüber, die kurz vor ihm auf die Welt geschlüpft waren, natürlich nicht fair. Mami hatte den Geburtskobel, so heißen die Hörnchen-Nester hoch oben in den Baumkronen, prächtig hergerichtet. Papi und die anderen Geschwister halfen fleißig mit. Zweig um Zweig wurde in mühevoller Kleinarbeit hinaufgeschafft, ins Loch der Astgabel gelegt und platt gewälzt. Die Freude über die bevorstehende Ankunft der vielen neuen Erdenbewohner hatte die wochenlangen Vorbereitungen der Familie gehörig angeheizt. Endlich

68

war der große Tag gekommen. Mami bezog feierlich den Kobel und aus dem kreisrunden, gemütlichen Nest ertönte bald schon zaghaftes Fiepsen. Die Vorhut war geschlüpft!

Natürlich drängten die kleinen frechen Girls als Erste aus dem Bauch der Mami heraus. Und dann, mit gehöriger Verspätung, hielt die Natur noch eine Überraschung parat: Baby Herschel war da! Das kleine Nachzüglerchen wog bei seiner Geburt nicht mehr als ein paar Gramm, was dem Gewicht einer Briefmarke entspricht. Das Baby war, wie Hörnchenbabys nun einmal sind: nackt. Seine winzigen Augen hielt es fest geschlossen, dafür aber hatte es auffallend lange Finger. Natürlich sah er seinen Schwestern zum Verwechseln ähnlich, nur dass der kleine Nager eben weitaus der Kleinste des Wurfes war.

Mutter Eichhörnchen war mächtig stolz auf ihren Nachwuchs. Eines nach dem anderen wurde gesäugt, denn alle hatten sie von ihrer anstrengenden Reise einen ordentlichen Appetit mitgebracht. Nur Klein-Herschel nicht. Zitternd und frierend lag er da, und seine Mami musste ihre ganze List dafür aufwenden, dem Kleinen wenigstens ein paar Tropfen ihrer kostbaren Milch einzuflößen. „Sieh mal, mein Süßes, hier hast du ein besonders leckeres Nüsslein... hm, wie das herrlich riecht. Na los, versuch doch mal!" Vorsichtig schob sie dem Baby ihr kleines Trinkfläschchen in den Mund und es dauerte eine Ewigkeit bis

Herschel zu saugen begann. Dann aber konnte er nicht genug bekommen und Mami musste ihn mit sanfter Gewalt von sich abkoppeln - sie wusste eben, wie's geht, hatte sie doch schon eine ganze Menge kleiner Hörnchen aufgezogen.

Nach und nach kamen die Großen, um die Geschwister zu begrüßen. Köpfchen um Köpfchen schob sich durch das Loch im Kobel, in dem es von neuen Erdenbewohnern nur so wimmelte. Herschel lag zuunterst. Er musste sich regelrecht nach oben buddeln, um das Locken seiner älteren Brüder und Schwestern mit neugierigem Schnuppern zu beantworten. „Wie süß sind die denn!", sagten sie, aber Mami scheuchte sie bald wieder baumabwärts, denn die Kleinen brauchten ihre Ruhe.

Die ersten lauen Herbstwinde fegten durch den Wald und rüttelten an den Kronen der Bäume. Die Hörnchen mussten sich an den Ästen festkrallen, um nicht das Gleichgewicht zu verlieren. Langsam begannen sich die Blätter zu verfärben, fielen zu Boden und wurden zu lustig raschelndem Laub. Untrügliches Zeichen der Natur - die Jahreszeit wechselte. Das satte Grün des Sommers wurde abgelöst von der Farbenpracht des Frühherbstes. Allerorts begannen die Hörnchen nun mit den Vorbereitungen für die bevorstehende, kühlere Jahreszeit. In ein paar Monaten, wenn Väterchen Frost die Welt mit Eiskristallen überzieht, wird die Futtersuche wieder eingestellt. Bis dahin mussten reichlich Vorräte angesammelt werden: Nüsse, Eicheln, Kerne, Samen. Wie jedes Jahr begannen für die Hörnchenkinder um diese Zeit die großen Ferien. Noten wurden ausgestellt, Zeugnisse verteilt und von so manchem Schülergesichtchen kullerten dicke Tränen. Die Frau Lehrerin sollte Recht behalten: Mangelhafte Mitarbeit zog meist Tadel nach sich.

Die kühleren Tage waren gekommen, der Sommer neigte sich dem Ende zu. Bei den Tieren des Waldes herrschte Hochbetrieb. Papa teilte die Aufgaben ein, solange Mama noch im Geburtskobel gebraucht wurde. In alle Richtungen schwärmten die Hörnchen aus. Sie waren in Gruppen von Spähern, Buddlern und Sammlern eingeteilt. Jede der Brigaden[1] war bestens organisiert. Die Späher hatten die Aufgabe, verschwiegene Plätze für den Wintervorrat auszukundschaften. Schon von klein auf waren die Kinder darauf trainiert, ihre Augen offen zu halten. Sie überboten sich geradezu im Aufstöbern fantasievoller Verstecke. Man musste schon seinen ganzen Grips[2] zusammennehmen, um sichere Plätzchen zu finden, die von anderen Hörnchen nicht entdeckt werden konnten. Die nächste Gruppe waren die Buddler. Nur die Kräftigsten kamen dafür in Frage. Mit ihren kurzen Vorderfüßen, besonders aber mit den scharfen Krallen, musste das noch weiche Erdreich aufgelockert werden, um kleine Grübchen anzulegen. Dort wurden die fürs Überleben notwendigen Essens-

[1] Arbeitsgruppe (beim Militär)
[2] Verstand

vorräte vergraben. Akribisch[3] wurden die Kuhlen dann wieder ver-
schlossen und mit losem Blattwerk getarnt. Die allerwichtigste Gruppe
aber waren die Sammler. In dieser Branche[4] arbeiteten die Erfahrensten,
meist die Erwachsenen. Sie wussten, wo die fettesten Früchte lagen.
Mittels Bewegungen ihrer buschigen Schwänze machten sie ihre Kollegen auf den Fund aufmerksam. Ganze Kohorten[5] setzten sich dann in die
entsprechende Richtung in Bewegung und schleppten die Beute quer
durch den Wald zu den bereits vorbereiteten Verstecken.

Hoch droben auf dem alten Baum, war die Eichhörnchen-Mami vollauf
damit beschäftigt über die Entwicklung ihrer Jungen zu wachen: Nach
einigen Tagen bereits zeigten sich die ersten Haare am Kopf der Babys. Auf Herschels Köpfchen tat sich längere Zeit gar nichts. Der Kleine
musste wirklich bei allem und jedem der Letzte sein, - wohl auch deshalb widmete ihm seine Mami ihre ganze Aufmerksamkeit. Erst nach und
nach, und als seine Geschwister längst schon ihre prächtigen, dunklen
Schöpfe aus dem Geburtshäuschen streckten, regte sich auch bei ihm
der erste Flaum: Feine Stoppelhärchen sprossen, die sich flugs über
seinen Rücken ausbreiteten, und bald schon wuchs ihm ein dichtes, flauschiges Fell. Herschel wurde ein Rotes! Ebenfalls mit Verspätung kamen
stoppelkleine untere Schneidezähne zum Vorschein und nach weiteren

[3] Ganz genau
[4] Geschäftszweig
[5] Große Gruppe (Militär)

endlosen Tagen öffnete er seine Äuglein. Ein krebsrotes Etwas mit winzigen Pinselchen an den Ohren und einem dünnen Schwänzlein hinten herum, betrachtete erstmals, wenn auch noch ein wenig zittrig, die Welt rings um sich.

Die ersten Ausflüge, die ersten Erkundungstouren, die ersten Bekanntschaften. Alles musste genauestens untersucht werden. Herschel und seine Geschwister wurden in die Vorschule eingeschrieben, die unmittelbar nach der Winterruhe, im nächsten Frühjahr, beginnen sollte. Bis dahin wurden die Kleinen sowohl von den Eltern als auch von den älteren Geschwistern in den praktischen Dingen des Lebens unterwiesen: Wie man Nester baut, wie man sich Fremden gegenüber verhält, wie man Nüsschen findet und, das vor allem, wie man sie knackt. Herschel erwies sich nicht in allen Unterrichtsfächern als geschickt. Wenn seine Brüder einen Wettlauf zu einer unter einem Laubhaufen verbuddelten Leckerei veranstalteten, kam er als Letzter an, als Nussknacker erwies er sich als zu schwach, beim Anlegen der Vorratsnester waren seine Ideen zu durchsichtig und das Festkrallen an Zweigen und Ästen gelang ihm schon deshalb nicht so gut, weil er nicht genügend Kraft in den Pfoten hatte. Die größte Sorgfalt elterlicher Erziehung verwendeten Papa und Mama bei ihren Kleinen darauf, mögliche Feinde zu erkennen. Hörnchen galten als schmackhaft. Der Menüplan so mancher Tierart war speziell auf sie ausgerichtet. Wiesel, Marder, Katzen und einige Vogelarten sollten peinlichst gemieden werden!

Eines sonnigen Herbsttages war die ganze Familie damit beschäftigt möglichst viel Essbares zusammenzutragen. Herschel traute sich bereits tief in den Wald vor, sogar bis zur großen Lichtung hinüber, wo die schönen dicken Gräser eine wunderbar undurchsichtige Decke über den Boden legten. Ein Räuplein kam des Weges und hielt, angesichts des kleinen, rothaarigen Neuankömmlings inne. „Wer bist denn du? Dich kenne ich ja noch gar nicht!" Herschel sah sich um, ob auch tatsächlich er gemeint war. Aber da niemand hinter ihm stand, sagte er: „Ich bin Herschel Hörnchen, der jüngste Spross[6] meiner stolzen Eltern." Dieser Satz war ihm für den Fall, dass er verloren gehen sollte, eingetrichtert worden. Bevor er ihn nicht auswendig hersagen konnte, durfte er sich nicht von zu Hause wegbewegen. „Aha", das Räuplein legte die Stirn in Falten, sodass es noch ein bisschen runzeliger aussah. „Irgendetwas nicht in Ordnung?", fragte Herschel. „Nein, nein. Schon gut. Nur, ...ein bisschen rötlich siehst du aus für meinen Geschmack." Herschel wandte sich ab. Er ist nun mal so und nicht anders und das ist für eine Raupe noch lange kein Grund, die Stirne zu runzeln!

Als Nächstes traf er den kleinen Wiedehopf[7], der an einem Bachlauf seinen Durst stillte. „Tag", sagte Herschel, „Wie geht's, Kumpel?" „Kumpel? Sollten wir uns schon mal begegnet sein?" Herschel stellte verwundert

[6] Nachkomme, Kind
[7] Vogel mit ausgefallener Frisur

sein Schwänzlein auf. „Wohl im Sternzeichen der Feuerwehr geboren, kleiner Mann!" Das freche Vöglein machte einen tiefen Schluck, schlug ein bisschen mit den Federn und hob ab zu einem Rundflug über die Lichtung. Herschel war entsetzt, wie gemein andere Tiere seiner Generation sein konnten.

So schnell er konnte lief er nach Hause, um seinen Eltern davon zu berichten, da stolperte er über eine verborgen daliegende Wurzel eines Schlehdornbusches[8]. Herschel fiel der Länge nach hin und ein Blitz durchzuckte sein linkes Bein. Unfähig sich zu bewegen lag er am Waldboden. Ein Bächlein Tränen lief über sein Kindergesicht. Wie lange er da lag, vermochte er später, als ihn ein befreundetes Streifenhörnchen entdeckte und nach Hause brachte, nicht zu sagen. Es war bereits dunkel geworden, als sie eintrafen. War das ein Hallo! Seine Geschwisterchen umringten ihn und auch die Eltern waren erleichtert und feierten Herschels Rückkehr.

Am nächsten Tag brachte ihn die Mami zum Hörnchenfacharzt, der einen schlimmen Beinbruch feststellte. So kam es, dass dem armen Herschel ein Gipsverband um sein wehes Bein verpasst wurde. Als Gehhilfe bekam er ein kleines Ästchen in die Hand gedrückt und... naja, was das für ein

---

[8] Stacheliger Busch mit blauen Beeren

Eichhörnchen bedeutet, kann man sich vorstellen: Aus einem der flinksten Tiere des Waldes wurde ein Humpler. Was musste der arme, rothaarige Herschel nicht alles an Spott über sich ergehen lassen. Die Geschwister lachten sich halbtot über seinen Anblick. Es war ja auch wirklich zu drollig: Ein Hörnchen mit Gipsbein, wer hatte so etwas je gesehen?

Von nun an war der kleine Pechvogel von den Vorbereitungsarbeiten für die bevorstehende kalte Jahreszeit ausgeschlossen. Wie sollte er mit seinem wehen Beinchen auch kräftig genug sein, um zu spähen, zu buddeln und zu sammeln? Herschel lag im weichen Moos und beobachtete seine emsigen Verwandten. Dann machte er ein kleines Nickerchen und erwachte erst, als sich seine Geschwister längst in alle Winde zerstreut hatten.

Dunkle, kalte Augen starrten ihn aus nächster Nähe an. „Eli, mein Name", sagte das große Etwas. Herschel erschrak. Er war nicht fähig sich zu bewegen und so blieb ihm nichts anderes übrig, als wehrlos und auf dem Rücken liegend am Waldboden zu verharren. „Stell dich tot!", schärften ihm seine Eltern ein, „Wenn du einem Feind nicht gewachsen bist, stell dich tot!" Herschel schloss die Augen und rührte sich nicht. Eli fuhr die Krallen seiner rechten Vordertatze aus und berührte das Hörnchen, sodass es zur Seite rollte. „Totstellen hilft dir nicht. Ich weiß, dass du lebst, Rotes", sagte das Tier. „Ich bin aber tot", flüsterte Herschel und

schlug ein Auge auf. Das große Tier linste ihn feindselig an. „Wiesel, Eli Wiesel. Sehr erfreut." „Oh Gott!", seufzte das Hörnchen, „Ausgerechnet!" Herschel begann zu schluchzen. „Tu mir nichts. Bitte! Ich bin das Kleinste meiner Familie. Ich schmecke nach gar nichts." Das Wiesel umrundete in aller Ruhe die vor ihm liegende Beute. „Zufälligerweise habe ich gerade jetzt einen riesigen Appetit. Und da kommst du natürlich gerade recht." „Aber an mir ist doch nichts dran", schluchzte Herschel, „Ich habe ein Gipsbein und das schmeckt scheußlich, wenn du mich fragst!" „Woher weißt du das?" Eli betrachtete das Hörnchen von allen Seiten. „Hab ich mal gelesen", flunkerte[9] Herschel. „So, so, der kleine Herr kann also

[9] Schwindeln

lesen! Interessant." Das Wiesel begann das wehrlose Tierchen mit seiner rauen Zunge abzulecken. „Das kitzelt!", stöhnte Herschel, „Ich garantiere, ich schmecke grauenhaft. Ich bin viel zu dünn. Das sagt auch meine Mama. Frag sie mal."

Eli Wiesel legte seinen Kopf auf die Vordertatze und ließ das Kleine nicht aus den Augen. „Was zahlst du, wenn ich dich nicht fresse?" „Ich habe nicht viel Geld. Sehr wenig. Eigentlich gar keines." „Schlecht für dich." „Ich könnte nur mit Nüssen bezahlen." „Und wenn ich keine Nüsse akzeptiere?", sagte das Wiesel. „Schmecken aber nicht schlecht." „Papperlapapp! Ich mag lieber Fleisch. Bleib mir vom Kragen mit deinen Nüssen." Herschel richtete sich auf. „Barbar![10] Aber ich hätte es mir denken können. Ihr Wiesel lebt einfach noch in der Steinzeit. Heutzutage isst kein Mensch mehr Fleisch. Nüsse sind die neue Nahrung. Lass dir das gesagt sein!"

Eli fuhr langsam seine Krallen aus und bevor er Herschel noch berühren konnte, war dieser aufgesprungen, gestützt auf das Ästchen, um das wehe Bein zu entlasten. Er sah das große Tier herausfordernd an. „Ich sag dir was, Frechdachs. Du frisst mich nicht und lässt mich laufen." „Weshalb sollte ich das machen?" „Weil ich dir was schenke, wenn du

[10] Ungebildeter Mensch

es tust!" Das Wiesel blickte ihn an. Lange. „Was denn?" „Überraschung",
flüsterte Herschel, „Na los, rat mal…" „Ich will nicht raten. Raten hasse
ich. Schieß los und zieh es nicht unnötig in die Länge. Ich bin hungrig."
„Na schön. Ich schenke dir…" Das Hörnchen legte seinen Kopf zur Seite
und dachte nach. „Ich schenke dir… ein Geschenk!" Eli leckte sich über
den Mund. „Stopp!", rief Herschel. „Ich schenke dir…, ich schenke dir… kein
schlechtes Gewissen!" „Kein schlechtes Gewissen? Was soll ich denn
damit anfangen?" „Überleg mal…", stotterte Herschel. „Aus die Maus!",
zischte das Wiesel bösartig, „Hier wird nicht gehandelt!" „Ich handle ja
nicht. Ich schlage dir nur einen einfachen Tausch vor. Du schenkst mir
das Leben und ich schenke dir…" „Kein schlechtes Gewissen?" „Genau."
Eli überlegte. „Steig ich da gut aus?" „Sehr gut! Wenn du mich jetzt isst,
bist du satt. Aber morgen brauchst du schon wieder was zwischen die
Zähne. Und übermorgen auch. Und so geht das immer weiter bis an dein
Lebensende. Du wirst nie satt werden, denn du bist ein Wiesel. Wenn du
mich aber jetzt nicht isst, dann hast du kein schlechtes Gewissen. Heute nicht. Morgen nicht. Übermorgen auch nicht. Und so geht das weiter
bis an dein Lebensende. Du wirst nie mehr ein schlechtes Gewissen
haben. Ist das nicht eine gute Idee?" „Keine schlechte jedenfalls", sagte
das Wiesel nach einiger Überlegung, „Du bist klug. Ich hasse schlechtes
Gewissen. Ich bin aber…" „Ja?", sagte Herschel. „Ich bin aber trotzdem
hungrig." „Hm, dann probiere das mal!" Und er angelte aus einer seiner
Backen ein Nüsschen hervor und reichte es Eli.

Und das Wunder geschah: Eli knabberte solange darauf herum, bis die Nuss in zwei Hälften zerbrach, und er das Innere genüsslich aufschmatzte. „Na, wie schmeckt das?" Herschel getraute sich kaum das hungrige Wiesel anzusehen. „Herrlich! Wieso bin ich da nicht schon längst draufgekommen?" „Weil du mich nicht gefragt hast. Wir sind nämlich klug, wir Herschels. Wir sind zwar dünn, aber im Kopf haben wir viel drin. So ist das. Ab jetzt können wir Freunde sein!" Er reichte dem Wiesel seine heile Pfote und auch Eli gab ihm die Tatze. Und dann klatschten sie ab, das Eichhörnchen mit dem Gipsbein und das Wiesel mit dem "kein schlechtes Gewissen".

Von diesem Moment an wurden die beiden allerbeste Freunde. Herschel brachte Eli mit nach Hause. Zuerst fürchteten sich alle vor seinem neuen Gefährten, aber bald schon legte sich die Aufregung, und als auch Papa und Mama seine Anwesenheit akzeptierten, wurde alles gut. Eli erwies sich als ein Meister im Buddeln. So viele Nüsse konnten sie alle gar nicht sammeln, wie es plötzlich Verstecke gab.

„Ich will nicht, dass du je wieder gehst", sagte Herschel eines Tages zu seinem Freund. „Ich auch nicht", sagte Eli, „Ohne dich hätte ich ein Leben lang ein schlechtes Gewissen." „Und ich würde nicht mehr leben. Und das ist noch schlimmer, das sage ich dir." Das kleine Wiesel kuschelte sich nahe an seinen rothaarigen Freund. So schliefen sie ein

und so wachten sie auf. Aus Zuneigung zu Herschel ruhte auch Eli bis zum nächsten Frühjahr aus, so lange, bis das erste Grün die Landschaft überzog und so ziemlich alle Nüsschen aufgefuttert waren.

Ihre Freundschaft überdauerte das Frühjahr, den Sommer und den Herbst. Sie sammelten Nüsse und kletterten gemeinsam auf Bäume, denn mittlerweile hatte Herschel schon längst den blöden Gips los. Herschel und sein Freund Eli lebten glücklich, hoch droben auf dem alten Baum, dort, wo einst ein gewisses Hörnchen das Licht der Welt erblickte. Und sie lebten lange - eine kleine, große Ewigkeit lang.

Prinzessin ✶ SAMIRA ✶

Kurz vor der Geburt der kleinen Samira wälzte ihre Mama fein säuberlich ein Stück Heugraswiese platt. Das musste sie tun, ihr Kleines sollte schließlich ein ordentliches Bettchen bekommen. Die Ricke, so heißt die Mama kleiner Kitze, war eine erfahrene Brüterin. Sie lag in der Nähe eines dichten Gestrüpps und wartete. Nicht lange und das Kleine purzelte aus ihr heraus und auf die Welt. Während das Muttertier das Bettchen säuberte und ihr Baby trocken leckte, verwandelte sich Samira von einem feuchten, struppigen Geschöpfchen zu einem blitzblank gesäuberten Neugeborenen. Ungelenk versuchte es auf seine dünnen, klapprigen Beine zu kommen.

„Wie schön, dass du da bist, mein Prinzesschen", flüsterte ihr die Mama ins Ohr. Zärtlich strich die große rosige Zunge über das kleine Wunder und beseitigte die Spuren der letzten Stunden. Genau so muss man es machen, denn der Geburtsgeruch soll möglichst niemanden anlocken. „Du wirst sehen, wir machen es uns schön hier im Walde. Es ist der

beste Platz auf der ganzen Welt. Es gibt fettes Gras, dichtes Unterholz und so viele Schmetterlinge, wie du dir nur vorstellen kannst. Genug Spielkameraden also, mach dir keine Sorgen, mein Kleines." So plauderte die Ricke drauf los, selig, wie frisch gebackene Mamis nun einmal sind, wenn sie gerade eben ein gesundes winziges Ebenbildchen geboren haben. Dann legte sie sich zur Seite, schmiegte den dicken Mami-Bauch an ihren kleinen Schatz und schob dem Baby ihren mit feiner Milch gefüllten Schnuller ins Mäulchen.

Die ersten Wochen rührte sich das Kitz nicht aus der Grasmulde, während seine Mutter auf der sonnendurchfluteten Lichtung äste, um dann, gegen Abend, zur Fütterung der kleinen Samira zurückzukehren.
Der Herbst war heuer besonders schön, der Sommer wollte und wollte sich nicht zur Ruhe legen. Am Tag wärmte die Sonne immer noch die Welt, obwohl die ersten kühlen Nächte das Laub der Bäume bereits einzufärben begannen und herrlich duftende Grasteppiche in braungraue Flechten und Matten verwandelten. Eigentlich kamen Rehkitze ja im Frühjahr zur Welt, aber die kleine Samira ließ sich Zeit und erschien erst mit gehöriger Verspätung. Prinzessinnen sind eben etwas Besonderes. Allerorts wurden schon die Schlafplätze für den bevorstehenden Winter zurechtgemacht, nur Samiras Mami war mit anderem beschäftigt - mit der Aufzucht ihres kleinen Kitzes. Die Nester, die speziell im Frühjahr zur Setzzeit, so nennt man die Wochen in denen der Rehnachwuchs zur Welt kommt, ins dichte Unterholz gewälzt wurden, und in die die Natur kleine,

wuschelige Bambis gelegt hatte, waren längst verwaist. Nur jenes von Samira wurde noch gebraucht. Die Prinzessin gedieh prächtig. Sobald sie sich auf ihren wackeligen Beinchen zu halten vermochte, begann sie die Umgebung zu erkunden, angeleitet und behütet von ihrer stolzen Mama.

Eines sonnigen Herbsttages - die Bienen und Hummeln unternahmen die letzten Sammelflüge des Jahres und füllten ihre Pollenhöschen mit köstlich süßem, spätsommerlichem Nektar, die Vögel des Waldes tirilierten ihre schönsten Herbstlieder und der Himmel war gesprenkelt von Schmetterlingen - trat Samira auf die Lichtung hinaus. „Hatschi!" Ein vorwitziger Sonnenstrahl kitzelte ihr Näslein und ein feiner Sprühregen legte sich auf das Gras vor ihren winzigen Hufen. „Na du bist ja eine!", rief ein Zitronenfalter, der gerade vor Samiras Gesichtchen vorbeitorkelte. „Kann sich ja gar nicht beherrschen, die junge Dame!" Ein ganzer Schwarm von prächtigen gelben Flederwischen tanzte mit hauchzarten Flügelchen vor ihr herum und alle kicherten, sodass Samira mitlachen musste. Die Schmetterlinge, zweifellos eine Abordnung aus der Falterklasse der Tiergrundschule auf Klassenausflug, nahmen auf dem flauschigen Rücken des Kitzchens Platz. „Sieh an," rief einer der kleinen Flatterwesen aufgeregt, „unsere Prinzessin hat ihre Pünktchen verloren!" Samira sah sich verwundert um. Die Schmetterlingskinder schüttelten sich vor Lachen und klatschten mit ihren Flügeln fröhlich Beifall. Tatsächlich, es war Samira noch gar nicht aufgefallen und auch ihre Mama hatte nicht darüber gesprochen (wohl um ihr Baby nicht zu ver-

unsichern): Dort, wo waldauf, waldab auf den Rehrücken anderer Kitze leuchtend weiße Pünktchen zu sehen waren, herrschte bei Samira tote Hose. Nicht ein einziger Punkt wollte sich zeigen. Ausgerechnet bei ihr hatte die Natur auf ihre Malkunst vergessen. Über ihrem Rücken lag ein wolliges, rotbraunes Mäntelchen, schön, aber gänzlich unbetupft. Der Schwarm der halbwüchsigen Schmetterlinge hob und senkte sich vor Vergnügen und vollführte vor Samira ein schadenfrohes Freudentänzlein.

✳

Traurig senkte das kleine Reh den Kopf. So hatte es sich seinen ersten Ausflug nicht vorgestellt. An diesem Abend kuschelte es sich besonders eng an seine Mama. „Warum habe ich meine Pünktchen verloren?", schluchzte Samira und barg das von Tränen nasse Schnäuzlein in das warme mütterliche Fell. „Ich will wissen, weshalb ich meine Punkte verloren habe?" Die Prinzessin war untröstlich. Die Mutter nahm das kleine Köpfchen zwischen ihre Läufe[1], leckte die feuchten Backen trocken und betrachtete liebevoll ihr Kitz. Dann sagte sie, jedes Wort wie einen Schatz abwägend: „Weißt du mein Kleines, du bist eben etwas ganz Besonderes. Sieh mal, der Himmel zeigt auch nicht immer sein schönstes Sternenkleid. Manchmal legt sich eine Wolkendecke darüber, und es ist nicht ein einziges seiner glitzernden Lämpchen zu sehen. So ist das eben auch mit dir. Dein Sternenhimmel ist gut unter deinem Wuschelfell verborgen. Sei froh, du bist eben etwas Eigenes!"

[1] Beine

Samira seufzte lange, dann blinzelte sie mit ihren großen, runden Augen ihre Mama an und – schlief ein. Am nächsten Tag, als die frechen Zitronenfalter erneut vor ihrer Nase herumtanzten und, so schien es Samira, heute sogar noch mehr da waren als gestern, vielleicht eine ganze Schulklasse mehr, hob sie ihr Köpfchen, nahm all ihren Mut zusammen und blickte jedem der herumschwänzelnden Falterkinder gerade in die Augen. „Alle mal herhören!", begann sie, „Nur damit ihr es wisst: Ich bin etwas ganz Besonderes! Das sagt meine Mama und die muss es wissen. Merkt euch das, ihr Bengel. Und jetzt haut ab zu eurem Unterricht, sonst kommt sie und beißt euch in den Allerwertesten, dass es mit eurer Herumtanzerei ein für alle Mal vorbei ist!" Die Zitronenfalter stoben erschrocken auseinander und kehrten zurück zu ihren winzigen Schulbänken, denn es war höchste Zeit, aus der Ferne war bereits die Schulglocke zu hören.

An diesem Tag ging Samira zur Eule Kauzki. Die alte Dame galt als das mit Abstand weiseste[2] Tier des Waldes und wenn man Rat brauchte, tat man gut daran, gerade sie aufzusuchen. Der dicke, behäbige Vogel hockte auf seinem Lieblingsast unmittelbar vor dem riesigen Baumloch, plusterte das Federkleid, pickte eine vorwitzige Milbe heraus und knabberte darauf herum. Dabei drehte sich der kugelrunde Kopf einmal um die eigene Achse, so scannte[3] die Eule Kauzki flächendeckend

[2] Klügste
[3] Sehr genau betrachten

ihre Umgebung. „Sieh mal einer an", brummte sie und musterte das Kitz aufmerksam. „Wer kommt denn da des Weges? Die kleine Prinzessin, wenn mich nicht alles täuscht!" „Ich soll einen Gruß von meiner Mama bestellen, Frau Eule Kauzki", stammelte Samira. „Hm, das wird wohl nicht alles gewesen sein", grunzte der fette Vogel und schraubte den Kopf im Kreis herum. „Ich bin ein Kitzlein, Frau Eule Kauzki", begann Samira bei-nahe unhörbar, „und ich hätte eine Frage." Der alte Vogel blickte streng. „Weshalb in aller Welt habe ausgerechnet ich keine Pünktchen?" „Sieh mal, mein Kind, der Himmel zeigt auch nicht immer sein schönstes Ster-nenkleid…" „Das sagt meine Mama auch, aber ich will wissen, was man dagegen tun kann." Frau Eule Kauzki überlegte, klappte ihre schweren Augenlider auf und nieder, drehte und wendete ihren Kopf nach links und nach rechts, seufzte und schloss die Augen. Dann sagte sie: „Geh zu Adebar Storch, er wird dir helfen."

Samira ging hinunter zum Teich. Dort hatte, wie jedermann weiß, der alte Herr Adebar sein Anwesen. Normalerweise wohnen Störche ja in Nestern, hoch droben auf den Schornsteinen von Menschenhäusern, aber Meister Adebar bildete die Ausnahme. Er hockte in einer Schilfmulde im feuchten Sand, unmittelbar am Ufer eines kleinen Gewässers. Der alte Storch galt weithin als das Gelehrteste der Tiere, aber auch als das Hochmütigste.

Als er die kleine Samira kommen sah, reckte er seinen Kopf zum Himmel und begann so laut zu klappern, als wollte er die Welt um ihre ungeteilte Aufmerksamkeit bitten. Sein Schnabel schnarrte wie eine Osterratsche, - dann erst wandte er sich der erschrockenen Samira zu. „Was willst du, mein Kind?" Samira hob den Kopf und blickte Meister Adebar eingeschüchtert an: „Mich schickt Frau Eule Kauzki. Ich will nachfragen, weshalb in aller Welt ausgerechnet ich keine Pünktchen habe?" „Sieh mal…", sagte der Meister und reckte seinen Kopf abermals pfeilgerade zum Himmel hinauf. Samira fürchtete, schon im nächsten Moment wieder dieses schreckliche Geräusch zu hören, aber nichts da. Der Meister hockte wie versteinert da und rührte sich nicht. Dann wanderten seine kleinen Knopfaugen langsam über das Kitz: „Wie du weißt, bin ich dafür zuständig, dass im Frühjahr in jeder Geburtsmulde mindestens ein Junges landet. Nur war ich in deinem Fall heuer etwas verspätet dran. Ich musste also besonders rasch fliegen, um noch rechtzeitig da zu sein. Durch den Fahrtwind haben sich wohl ein paar Pünktchen gelöst. Du musst sie eben aufsammeln. Pünktchen verlieren sich niemals gänzlich. Du wirst sie finden." Samira sah den Storch traurig an. „Geh und sammle deine Punkte auf. Wenn du sie beisammen hast, besuche den alten Grimbart, er wird dir helfen!"

Samira suchte und suchte, aber sie fand nicht einen einzigen der verlorenen Punkte. Dabei kam sie beim Haus von Professor Grimbart vorbei. Der Dachs war gerade dabei, sein Vorgärtlein zu bestellen. Er jätete Unkraut und betrachte jeden der ausgerissenen Halme, als wäre er eine kleine Kostbarkeit. Der Professor war wirklich ein Gelehrter. „Sieh da, der kleine Spätankömmling! Was verschafft mir die Ehre, junge Dame?" Samira blieb jenseits des niedrigen Zaunes stehen. Höflich verbeugte sie sich. „Ich komme von Frau Eule Kauzki und Meister Adebar. Ich habe eine Frage." „Nur immer heraus damit. Ich möchte doch sehen, ob ich unserer hübschen Samira auf die Beine helfen kann!" „Sie kennen meinen Namen?" „Den kennt doch jeder hier. Ich wurde als erster zu Rate gezogen, weshalb du mit solcher Verspätung zu uns kamst." „Dann werden Sie meine Frage beantworten können", sagte Samira, „Ich möchte wissen, weshalb in aller Welt ausgerechnet ich keine Pünktchen habe?"

Prof. Grimbart sah ihr ruhig in die Augen. „Du bist eben etwas ganz Besonderes." „Das sagt meine Mama auch immer, aber ich möchte nichts Besonderes sein. Ich will wie alle sein. Die dummen Falter lachen mich aus und das mag ich nicht!" „Sei froh, dass du dich von den anderen unterscheidest. Das Normale ist nicht das Besondere. Und das Besondere ist nicht das Normale. Der Unterschied erst macht das Wunder des Lebens aus. Sei froh, dass du bist wie du bist!" „Und wenn ich wie die anderen sein will?" „Dann geh zu Meister Isegrim. Er ist ein vorzüglicher Künstler. Wenn einer dir helfen kann, dann er!"

‚Wolf Isegrim – Maler und Anstreicher' stand in großen goldenen Lettern[4] auf der Türe seines Baus. Samira betätigte die Handglocke. „Ja bitte?" Nach einiger Zeit schob sich eine uralte Nase mit Brille durch den Türspalt. „Wer stört bei meinem Nickerchen?" „Ich komme von Frau Eule Kauzki, Meister Adebar und Professor Grimbart und möchte fragen, weshalb ausgerechnet ich keine Pünktchen habe." Meister Isegrim musterte das Kitz fachgerecht von oben bis unten, und sein gestrenger Blick blieb an Samiras Rücken hängen. „Seltsam." Er pfiff leise durch die Zähne, überlegte, dann leckte er sich über die Lefzen[5]: „Warten!" rief er und verschwand in seinem Bau. Kurze Zeit später kehrte er mit einem Farbtopf und einem Pinsel wieder. „Hinlegen!" Samira tat wie ihr befohlen und der Wolf tauchte den Pinsel in einen Eimer mit weißer Farbe ein und pinselte und tupfte auf dem Rehrücken herum. Als die Farbe aufgebraucht war, betrachtete er stolz sein Werk. Auf Samiras Rücken zeig-

[4] Großbuchstaben
[5] Lippen von Hunden und Raubtieren

ten sich die prächtigsten Punkte, gerade so, als hätte der Himmel sein kostbarstes Sternenkleid darübergelegt. „Das hätten wir, junge Dame", grunzte Wolf Isegrim verschlafen und zog sich grußlos in seinen Bau zurück.

Samira hüpfte und sprang vor Vergnügen und lief zur heimatlichen Lichtung zurück. „Wolf Isegrim hat mir Pünktchen gemalt! Jetzt habe auch ich ein Sternenkleid an!" Die Ricke erhob sich aus der Schlafmulde und traute ihren Augen nicht. Tatsächlich, auf Samiras Rücken zeigten sich die prächtigsten Punkte, so, als ob nie ein gewisses Problem bestanden hätte. Das Prinzesschen sprang auf der Wiese herum, drehte und wendete sich in der Abendsonne und präsentierte der Welt ihr neues, wenn auch noch feuchtes Kleidchen.

Ein Rauschen lag in der Luft und eine zitronengelbe Wolke landete auf der Wiese. Die freche Falterklasse schwirrte auf eine kurzen Stepp vorbei. Man erhoffte sich eine kleine, abendliche Neckerei. Aber nichts da! Die Prinzessin drückte ihren kleinen Rücken durch und sprang mit allen vier Beinchen in die Luft. „Ihr müsst gar nicht so frech tun", rief sie den gelben Jungs zu, „Seht nur, ich bin ein ganz normales Kitz. Ich habe jetzt auch ein paar Sternchen verpasst bekommen!" Die Falter umschwirrten das kleine Reh, starrten ungläubig auf das Wunder, schüttelten ihre winzigen Fühler und nahmen auf der kleinen Milchstraße Platz.

„Respekt!", raunten sie. Und dann erhob sich die Wolke kleiner, gelber Halbwüchsiger hoch hinauf in den Abendhimmel.

„Denen hast du's aber gegeben, Prinzessin. Ich bin stolz auf dich. Ich wusste es doch, du bist etwas Besonderes!", sagte Mama Reh und betrachtete stolz ihre kleine Tochter. Samira stand da und war einfach nur glücklich. Ihr sehnlichster Wunsch war in Erfüllung gegangen. Auch auf ihrem Rücken zeigte sich nun ein prächtiger Sternenhimmel. Sie sah in den von Wolken verhangenen Himmel hinauf. Der Abend legte seine schützende Decke über den Wald, die ersten Sterne funkelten, und Samira genoss es auf der Welt zu sein. Zum ersten Mal machte sie der Anblick des Nachthimmels nicht traurig. Es war ihr, als vollführten heute Abend die Sterne für sie einen besonderen Lichtertanz. Eine Freudenträne lief über ihr Gesichtchen und klatschte ins Gras - nun war auch Samira ein ganz normales, getupftes Bambi. Ein Wunder eben, ganz genauso eines, wie es ihr die Mama immer versichert hatte.

Und noch ein Wunder hielt die Natur heute bereit. Trotzdem der Himmel von dicken Wolken überzogen war, zeigten sich auf ihm doch die prächtigsten Sterne. Und damit nicht genug. Jedes der Himmelslichter schien an diesem Abend doch tatsächlich zwei Beinchen zu haben - lustiger als heute glitzerten die Sterne schon lange nicht mehr. Wie das möglich war? Die Zitronenfalter, die da übermütig über den Nachthimmel tanzten, hatten an ihren beiden Füßchen winzig kleine, schimmernde Farbtupfer. Meister Isegrims Kunstwerk war wohl noch nicht gänzlich trocken gewesen, als die Falter auf Samiras Rücken Platz nahmen.

Das aber wusste das kleine Kitz nicht. Es schlief glücklich an Mamis Fell gekuschelt ein und träumte von einem mit Sternen übersäten Nachthimmel. Zärtlich leckte Mama über das schlafende Köpfchen. Sie wusste es eben immer schon. Jedes Lebewesen ist etwas Besonderes. Sogar jeder Sternenhimmel. Auch wenn er nur aus einer Schar halbwüchsiger Zitronenfalter mit weißen Füßchen besteht …

Nuvuja
* und *
Nanook

Dicke, schwere Flocken fielen auf die Stadt. Allmählich verschwanden Häuser, Bäume und Vorgärten unter einer kuschelig weißen Decke. Sogar der spitze Kirchturm des kleinen Gotteshauses trug eine Zipfelmütze aus Schnee. Wenn die Menschen, die sich um diese Zeit hinaus wagten, ihre Schritte auf die Wege setzten, wirbelten die Schneeflocken lustig vom Boden auf. Frau Holle schüttelte ihr Bettzeug aus und die kleine Stadt am großen See versank unter einer dicken weißen Pracht an Daunenfedern. Bedächtig stapfte der kleine Eisbär durch die menschenleeren Straßen, immer auf der Hut, nicht entdeckt und mit lauten ‚Ho-Ho-Rufen' verjagt zu werden. Es war die Zeit, in der die Bären die Welt für sich eroberten. Jedes Jahr wiederholte sich das gleiche Schauspiel. Zu Tausenden verließen die Tiere ihre Jagdgebiete in den riesigen Wäldern, Mooren und Steppen und kamen an den großen See vor den Toren der Stadt. Vorsichtig wagten sie sich hinaus auf die glitzernde, gefrorene Wasseroberfläche und warteten, bis tief unter dem Eis die ersten Schatten auftauchten. Die Jagdsaison war eröffnet.

Auch Nuvujas Familie war vor Ort. Tanten, Onkeln, Geschwister, Freunde, sie alle nahmen am leckeren Festmahl teil. Geduldig lauerten die Bären den Robben auf. Wenn sich die ersten an den Eislöchern zeigten, hieß es flink sein. Für die großen, zotteligen Jäger bedeuteten die Raubzüge ans ‚Große Wasser‘ den Höhepunkt ihres Weihnachtsschmauses.

Nuvuja, der kleine Eisbär, nahm das erste Mal daran teil. Erst gegen Ende des letzten Sommers wurde er geboren, sehr zur Freude seiner Mama. War das ein Aufsehen! Inmitten von Blumen und fetten Grasbüscheln der blühenden Tundra[1] wuchs Nuvuja auf, umgeben von Käfern, Vögeln und sonstigen drolligen Tieren. Sie alle wurden seine Spielgefährten. Der kleine Eisbärjunge erfreute sich an ihnen - so sehr, dass seine Mutter ihm eines Tages den Umgang mit ihnen untersagte. „Wie willst du ein großer, starker Bär werden, wenn deine Freunde Vögelchen sind?", schimpfte sie. Da wurde der Kleine traurig, rollte sich in seiner Krabbelhöhle ein und träumte weiter von seinen Freunden, den lustigen Raupen und Faltern. Was wusste das kleine Zottelchen schon vom Bärenleben? Es stellte sich vor, dass es später einmal genau wie seine Kameraden lustig durch die Luft flattern und zwitschernd den Tag begrüßen würde. Vielleicht hatte seine Mutter ja Recht, von Schmetterlingen und Raupen würde sich ihr kleiner Schatz gewiss nicht ernähren können.

[1] Baumlose Landschaft in der Polarzone

Mit großen Augen stapfte der kleine Bärenjunge durch die stillen Straßen. Ganz leise war es heute. Gedämpfte Stimmen drangen aus den Häusern, unterbrochen von hellem Kinderlachen. Dann wurden hastig Vorhänge zur Seite gezogen, schwacher Lichtschein fiel auf die tief verschneiten Vorgärten und die Schneeflocken ließen das dichte, weiße Fell des vorüberziehenden Tieres glitzern, als tanzten tausende Glühwürmchen über seinen Rücken. Hinter den beschlagenen Fenstern glühten Kinderaugen, sie konnten sich nicht satt sehen am Anblick des funkelnden, kleinen Sternenhimmels, der da bedächtig über die Schneefahrbahn schaukelte, so lange, bis die Kleinen von ihren Eltern fortgezogen wurden und wieder hinter den Vorhängen der warmen Stuben verschwanden. Nuvuja blieb stehen und sah sich um. Er war alleine unterwegs. Seine Familie war draußen beim Robbenjagen. Er hatte sich davon gemacht, kaum dass sie in der Stadt angekommen waren.

In Horden waren die Bären durch die Straßen gezogen, um bei den Häusern nach essbaren Abfällen zu suchen. Nuvuja hatte sich hinter einer Mülltonne verborgen und war erst wieder hervorgekommen, als die Abenddämmerung die Winterstadt mit dunklem Orangerot überzog. Vorsichtig hob er sein feines Näslein, schnäuzelte und witterte, und erst als er sicher war, dass ihm von keiner Seite Gefahr drohte, verließ er sein Versteck. Die Herde war nicht mehr zu sehen, weder seine Spielgefährten noch die erwachsenen Bären, nicht mal seine Mutter war zu erschnuppern. Von den Häusern her zog ein feiner Bratenduft die Straßen

entlang, dem er so lange folgte, bis er müde wurde und sich in einem der adretten Gärten zu einem Nickerchen unter einem Stechpalmenbusch einrollte. Ein paar rote Beeren lachten zu ihm herunter. „Wenn ich erwache, werde ich ein Schälchen Milch zu mir nehmen, sodann ein saftiges Robbenkeulchen oder etwas Ähnliches…", war das letzte, was er noch denken konnte. Dann schlief er tief und fest ein.

Als er erwachte, war es bereits heller Tag. Nuvuja wagte kaum zu atmen. Er lag da, gut versteckt unter einer dicken Schneedecke und eingemummt in sein weißes Pelzchen. Vorsichtshalber blieb er liegen, unterdrückte das Hungergefühl und wartete. Die Augen fielen ihm zu und er schlief erneut ein. Als er das nächste Mal erwachte war es Nacht. Nuvuja erhob sich aus seiner Schlafmulde, schüttelte den Neuschneemantel ab, gähnte herzhaft und machte sich auf den Weg. Der Schneefall war jetzt noch dichter als bei seiner Ankunft. Er wusste nicht, wie lange er geschlafen hatte. Es mochten Stunden gewesen sein, vielleicht Tage. Einige Straßen weiter lagen einige kleine Läden: ein Tuchgeschäft, eines, in dem man Süßigkeiten kaufen konnte, und noch ein paar andere. Am Ende der Straße, kurz vor der Kreuzung, erregte ein Laden seine Aufmerksamkeit. Nuvuja blieb stehen. Er legte seine Tätzchen gegen die Fensterscheibe und starrte hinein. Tatsächlich, er täuschte sich nicht… Seine Mama hatte ihm einmal erzählt, dass die Menschenkinder eine seltsame Angewohnheit hätten. Sie wünschten sich vom Christkind mit Stroh und Wolle gefüllte Tiere, die sie in ihre Bettchen mitnahmen, um

sich im Schlaf an sie zu kuscheln. Bei ihnen, den Bären, war dies gänzlich unbekannt. Niemand seiner Gefährten besaß einen kleinen Menschen aus Stoff, der in seinen Tatzen schlummerte. Fasziniert und mit großen Augen spähte er in das Ladeninnere. Abwechselnd rot und grün leuchtete die Fensterscheibe - die nahe Verkehrsampel tauchte das Geschäft in ein buntes, magisches Reich. Puppen und Streicheltiere standen, lagen und saßen herum und blickten ihn erwartungsvoll und mit kugelrunden Augen an. Nuvuja starrte zurück. Alle Arten von Tieren gab es da und alle schienen ihn zu betrachten. Manche, so kam es ihm vor, streckten ihm sogar ihre Pfoten entgegen. Er konnte es nicht fassen. Nur ein kleines Eisbärchen vermisste er. Und so sehr er sich auch bemühte, seinesgleichen war nicht zu sehen.

Nanook zog und zog und zog. „Ich komme ja schon, Kleiner, was bist du heute wieder zappelig!" Die Tante ordnete die Besorgungen und stopfte die eben erst gekauften Schokoladenfigürchen ganz unten in die Tasche, damit Nanook davon bloß nichts mitbekommen möge. Das Weihnachtsfest stand vor der Tür, und in der Stadt kauften die Menschen Süßigkeiten ein. Auch die sonst so gestrengen Tanten des Kinderheimes, in dem Nanook untergebracht war, flogen aus, um geheime Besorgungen zu tätigen. Natürlich wird das Christkind auch heuer wieder das große, düstere Haus in der Oberstadt besuchen. Dort, wo zum Glück nur mehr wenige Kinder untergebracht sind, und sich noch weniger Besucher hin verirren - dort, am äußersten Ende der Stadt. Still und einsam und abgeschieden steht es da. Gleich dahinter beginnt der Wald.

Nanook wurde als Baby abgeliefert. An Mami und Papi hatte er keine Erinnerungen, für ihn waren die Tanten seine Familie. „Sei froh," sagten sie zu ihm, wenn ihm bang wurde, "andere Kinder haben nur eine einzige Mami, Du hast viele. Also sei dankbar, Nanook." Im Heim bekam jedes Kind seinen eigenen Namen. Sogar getauft wurden die kleinen Babys. Genau wie im richtigen Leben. Sonst aber war hier drinnen alles anders. So sehr sich die Tanten auch bemühten, die Kinder wurden hinter den hohen Mauern ihres Lebens nicht froh. Besonders am Abend, wenn im großen Schlafsaal das Licht gelöscht wurde. Jeden Abend lag Nanook mit offenen Augen da und dachte daran, wie schön es wäre, jemanden um sich zu haben, jemand, den man liebhaben, den man an sich drücken und mit dem man seine Gedanken austauschen konnte.

Unmittelbar neben dem Geschäft, in dem es die Naschsachen gab, lag die Kreuzung und gleich nebenan der Laden. Seit Nanook denken konnte, zog es ihn dorthin. Er blieb stehen. Das Innere des kleinen Ladens leuchtete abwechselnd rot und grün. Die Tante war gerade nicht mehr über den Gehsteig gekommen und wartete jenseits der Fahrbahn. Sie winkte dem Jungen zu, er solle auf sie warten. Aber Nanook achtete nicht darauf. Seine Welt hatte sich mit einem Schlag verändert: Sie war in verführerisches Rot getaucht, und auch die Bewohner waren plötzlich andere: Tiere, Puppen, kleine und große, kuschelige, streng dreinblickende und auch solche mit großen, sanften Augen. Alle schienen ihn zu beobachten, als wollten sie Nanook zurufen: "Komm herein! Lass uns nicht alleine!" Und als der kleine Laden gleich darauf in sattes Grün getaucht war und die gestrenge Tante auf gleiche Höhe zu dem Jungen aufschloss, stand dieser längst nicht mehr da, wo er gerade eben noch gestanden war. Nanook hatte die Tantenwelt hinter sich gelassen. Seine Sehnsucht hatte sich in diesem Augenblick erfüllt.

Draußen wandte sich die Frau nach allen Seiten um und begann die Straße nach dem Kind abzusuchen. Laut rief sie seinen Namen, lief dahin und dorthin, kam zurück, lief in die entgegengesetzte Richtung, schrie sich die Seele aus dem Leib, - wieder und immer wieder. Aber der kleine Junge gab sein Versteck nicht preis. Im Gegenteil. Er verbarg sich im Inneren der rot-grünen Zauberwelt, ganz hinten, wo er nicht gesehen und noch weniger entdeckt werden konnte. Er spürte die vielen fragenden Blicke auf sich ruhen und wusste nicht, welches der kleinen Wesen er als erstes umarmen sollte. Alle wandten sich ihm zu, streckten ihre Ärmchen aus und lächelten ihn an. Und ganz hinten, dort wo die große, eiserne Registrierkassa auf dem alten Verkaufspult stand, saß unten am Boden etwas ganz Besonderes. Das Etwas schlief ganz offensichtlich, denn Nanook konnte ihm nicht in die Augen sehen, so sehr er sich auch bemühte. Kein Wunder, Nuvuja, das kleine Wesen hielt die Augen fest geschlossen. Etwas zu fest, wie es Nanook vorkam. Vorsichtig näherte er sich dem flauschigen Ding.

Durch die geschlossenen Wimpern betrachtete der kleine Eisbär den Jungen. Vorerst dachte er, dass es sich um einen seiner Brüder handelte, das Geschöpf hatte den gleichen Winterpelz an: gefütterte Schneeschuhe, eine dicke, fellige Hose und ein Röckchen, ganz aus Pelz. Am Kopf trug es eine kugelrunde Fellkapuze. Dazu hatte es die gleiche Farbe wie er selbst und seine ganze Sippe - schneeweiß. "Seltsam", dachte das Bärenjunge, "wenn ich aufrecht auf den Hinterbeinen stehe, sieht es aus wie ich." Und als er den Kleinen so durch die halbgeschlossenen Augenlider betrachtete, wusste er doch gleichzeitig auch, dass dieses Wesen ihm ganz und gar fremd war. Aber so geht es im Leben: Etwas

gänzlich anderes erweist sich manchmal als völlig gleich. „Ich halte die Augen lieber geschlossen", dachte Nuvuja, „Ich will mein Ebenbild keinesfalls beunruhigen." Das Bärenjunge fühlte es mehr, als er es sah: Eine zärtliche Berührung schenkte ihm nie gekannte Wärme. Sie erinnerte ihn an seine Spielkameraden draußen in der Tundra. Es war wie der zärtliche Flügelschlag eines Schmetterlings, das sanfte Gefühl, wenn sich eines der Singvögelchen an ihn schmiegte, oder eine wollige Raupe sein Schnäuzlein berührte.

„Du fühlst dich aber weich an!", flüsterte Nanook und strich über das Fellkleid des kleinen, schlummernden Bären. „Willst du mein Freund sein?" Nuvuja öffnete die Augen und blickte ihn an. „Natürlich", flüsterte er und er meinte es auch genauso. „Abgemacht." Der kleine Junge betrachtete das Tierchen, das aussah wie ein dick eingepackter, kleiner Inuit[2], der wiederum ganz genau so aussah wie ein kleines Eisbärchen. „Draußen sucht meine Tante nach mir. Aber ich will nie mehr wieder dorthin zurück, weißt du. Darf ich hier drinnen bleiben, bei dir?" Da traten dem kleinen Bären Tränen in die Augen, so sehr ging ihm das Herz auf. Und auch der kleine Junge weinte ein bisschen, aber natürlich vor Freude. (Denn auch wenn man sehr, sehr froh ist, kullern einem manchmal Tränen die Wange herunter, und dafür braucht man sich ganz und gar nicht zu schämen).

[2] Volksgruppe, die hoch oben im Norden wohnt

So wurden die beiden Wesen Freunde. Sie kuschelten sich aneinander und schliefen ein. Niemals zuvor war ihnen so warm ums Herz, denn sie ließen sich auch im Schlaf nicht los - dort, in dem kleinen Spielzeugladen, gleich neben der Ampel, in der Stadt, die langsam unter Frau Holles dicker, weißer Daunendecke verschwand.

Am nächsten Morgen schloss der Spielzeugverkäufer seinen Laden schon sehr früh auf. Es war schließlich Weihnachten und sogar das Christkind kam auf einen Sprung vorbeigeflogen, denn es musste noch eine ganze Menge Geschenke besorgen. Den ganzen Tag über, bis spät in den Abend hinein, als hinter den Fenstern der Stadt bereits die Kerzen angezündet wurden, kamen Menschen und tätigten verschämt ihre späten Besorgungen. Und jedes Mal, wenn der alte Mann eines der kleinen Wesen in buntes Weihnachtspapier verpackte, kurbelte er kurz danach an der großen, eisernen Registrierkassa, die sich darüber zu freuen schien und übermütig klingelte. Was der Herr Spielzeugverkäufer den Tag über nicht weiter beachtete: Der Platz neben seinem Verkaufspult war leer. Warum sollte ihm dies auch auffallen? Er wusste ja nichts von dem kleinen Weihnachtswunder, das sich hier in seiner Spielzeugwunderwelt zutrug.

Als der kleine Junge und das Bärchen nämlich tief und fest eingeschlafen waren, verließen sie Hand in Hand den Laden, stapften die Straßen entlang, vorbei an der Oberstadt, in der das hohe, düstere Kinderheim

stand. Und die Welt wurde größer und größer, und die beiden wurden kleiner und kleiner. Und der Himmel verschmolz mit der Erde, und die Spuren der kleinen, großen Freunde führten bis zum Horizont, und noch viel, viel weiter, bis sie sich endlich verliefen. Nie mehr wieder wurden Nuvuja und Nanook in der Stadt gesehen. Nur manchmal, wenn sich dicke, weiße Schneewolken über den Häusern auftürmten und lustige Figuren bildeten, deuteten die Kinder zum Himmel hinauf. „Dort oben spielen sie! Ich kann sie deutlich sehen!", riefen sie dann. Und wirklich: Die beiden Freunde hielten sich immer noch fest an der Hand und schmiegten sich aneinander. So lange, bis es Zeit war schlafen zu gehen, aber nicht mal dann ließen sie einander los. Warum denn auch? Sie hatten einander ja gefunden und waren längst eins geworden.

Die Kinder der Inuit nennen die Wolken seither Nuvuja und Nanook. Nuvuja bedeutet in ihrer Sprache ,Wolke' und Nanook heißt ,Eisbär'.

Wie Lucie
★
das Christkind fand

Und es begab sich, dass Lucie, das kleine Lämmchen, eines Tages verloren ging. Nur einige Augenblicke lang entfernte es sich von seiner Herde, gerade so lange, wie es braucht, jemanden aus den Augen zu verlieren. Lucie war es gewohnt eines unter vielen zu sein. Alle sahen gleich aus. Kein Wunder, sie waren schließlich Geschwister. Die einzige, die sie voneinander unterscheiden konnte, war ihre Mama. Eines nach dem anderen waren sie aus ihr herausgepurzelt. Sie war es auch, die ihnen ihre Namen gab: Julie, Jenny, Joesi, Herthi, Carlo, Hexi, Mia, Lalo, Carola, Emmi, Wuschi (die eigentlich Ulla heißt), Horsti, Benny und Aristan. Und eben Lucie. Lucie war immer schon das kleinste von allen, weshalb ihre Mama sie auch besonders lieb hatte. Lucie war ein sanftes, liebenswertes Geschöpf. Wenn die anderen auf der Wiese herumtollten, stand Lucie lieber im hohen Gras und betrachtete die drolligen Ameisen, die so emsig Lasten schleppten. Für Lucie gab es viel zu schauen, die Welt war voller Rätsel. Dann fiel ihr Blick wieder auf die durcheinander springenden Lämmchen, ihre Geschwister, und sie war

zufrieden. Sie fühlte sich beschützt. Lucie hatte ihren Platz unter den vielen. Wenn sie Zirkus spielten, gab sie eine sehr gute Zuckerwatte-verkäuferin ab, denn die musste keine tollkühnen Kunststücke machen. Einmal gab es einen Wettlauf, den der vorlaute Aristan mit gehörigem Vorsprung gewonnen hatte. Er war wirklich wieselflink. Lucie wurde als Ziellinie eingesetzt. Sie stand einfach nur da und wartete darauf, dass die anderen an ihr vorüberliefen. So war Lucie eben, geduldig und lammfromm.

Aber das kleine Lämmchen hatte noch etwas, das es von seinen Ge-schwistern unterschied und woran seine Mama es sogleich erkannte. Eine kleine Haartolle[1] war ihr auf der Stirne gewachsen, und immer wenn sie den Kopf bewegte, wackelte das Ding so lustig hin und her, dass jeder, der Lucie betrachtete unwillkürlich lächelte. So war Lucie von Geburt an daran gewöhnt in fröhliche Gesichter zu blicken. Es war ja auch wirklich zu niedlich! Lucie selbst konnte die Locke nicht sehen, so sehr sie sich auch darum bemühte. Wohin sie ihr kleines Köpfchen auch wandte, sie blieb unsichtbar. Mit der Zeit gewöhnte sich Lucie daran. „Ich mache den anderen einfach Freude", dachte sie.

[1] Auffälliges Haarschöpfchen

Besonders lustig sah die kleine Lucie aus, als es Frühling wurde. Das war die Zeit, als ihre Familie den Winterpelz verlor. Der Schafschneider kam auf die Koppel und einer nach dem anderen wurde durch den Pferch[2] getrieben. Ganz vorne, an der engsten Stelle, stand der Scherer und nahm sich ihrer Tanten, Onkeln und all ihrer Geschwister an und schor ihnen den Pelz ab. Berge von Wolle wurden dann vom Hof abtransportiert und die Schafe blökten zufrieden, denn unter den ersten Sonnenstrahlen des noch neuen Jahres wurde es ihnen in ihren fetten Pullis gehörig warm. Sie waren froh, das Winterzeug ehestmöglich loszuwerden. Lucie kam für gewöhnlich als letztes dran. Sie war ein sehr zartes Lämmchen. Aber den wachsamen Augen des Scherers entging nicht einmal das unscheinbarste Geschöpf und so verlor auch Lucie ihre

[2] Gehege

117

Wolle. Kahl und zitternd vor Kälte kam sie am anderen Ende des Gatters an. Als ihre Geschwister sie sahen, war die Luft erfüllt von ausgelassenem Blöken. Lucie gab wirklich einen lustigen Anblick ab. Ihre rosig schimmernde Haut lag immer noch ein bisschen in Falten, sie war eben ein dünnes Geschöpf, das - seine Mama erinnerte sich genau - mit einem viel zu weiten Pullöverchen zur Welt kam und bis heute noch nicht wirklich hineingewachsen war. Und noch etwas brachte alle zum Lachen: Das vorwitzige Löckchen auf ihrer Stirn zitterte im Windhauch, als wollte es sagen: ‚Mich gibt's eben auch noch!'

Die Monate vergingen, der Herbst zog ins Land und der brachte den Winter. Und mit ihm kam der Schnee. Eine weiße Decke legte sich über die Wiesen und alle waren froh, sich in einem warmen Unterstand aneinander zu schmiegen.

Eines Tages zogen die Schafe über die hart gefrorene Wiese, dort wo die Felder des Großbauern begannen und sich der Wald verlor. Krähen flogen hoch oben am Himmel und die Tiere trotteten heimwärts in ihre Koppel. Sie hatten einen Ausflug gemacht, hinauf auf die Matten, wo sie für gewöhnlich die Sommerferien verbrachten. Dort oben, nahe der großen Lichtung, waren einige Stellen schneefrei. Der alte Hirte hatte die Tiere zusammengetrieben und ließ sie ein paar Tage an der frischen Luft. Vor allem aber gab er ihnen die Möglichkeit, sich am letzten, fri-

schen Grün des späten Jahres zu delektieren[3]. Lucie mochte die schar-
fe, kalte Winterluft gar nicht gerne. Viel lieber kuschelte sie sich an den
warmen Körper ihrer Mama und mümmelte an den fetten Grashalmen.
Während Lucie an den heimatlichen Stall dachte, fiel ihr Blick zu Boden.
War das zu glauben? Etwas ganz und gar Ungewöhnliches kreuzte da
ihren Blick. Verwundert blieb sie stehen. Ein kleines, vor Kälte zittern-
des Marienkäferchen erklomm unsicher einen harschen Schneeklum-
pen. Im Moment als Lucie ihn entdeckte, wurde auch der kleine Kerl
auf sie aufmerksam. Vorsichtig hob er die Augen und starrte erstaunt
auf das Tier über sich. Lucie musste sich wirklich bemühen, den Winz-
ling nicht zu erschrecken. So klein Lucie im Vergleich zu ihren Brüdern
und Schwestern auch war, gegen den Kleinen war sie eine Riesin. Der
Käfer hob sein Köpfchen und schaute Lucie geradewegs in die Augen.
Ein Lächeln huschte über sein Gesicht, das konnte Lucie ganz deutlich
erkennen. Es hob einen Fühler, als wollte es sagen: „Was für eine nied-
liche Tolle sehe ich denn da!" Gerade eben noch war sein Mäulchen ein
Strich, jetzt war es Lucie, als würden sich die beiden Mundwinkel zu
einem Lächeln heben. Marienkäfer lachen selten, aber diesmal geschah
es. Lucie traute ihren Augen nicht. Wieder hatte die Haarlocke ihre Wir-
kung getan. Das Gesicht konnte noch so klein sein, die Tolle zauberte
ein Lächeln hinein.

[3] Sich erfreuen

Lucie wusste nicht, ob sie etwas sagen sollte, und da auch das Käferchen nichts dergleichen tat und nach kurzem Kopfschütteln weiter seines Weges zog, hob sie gedankenverloren den Blick, um nach der Herde zu sehen. Aber, oh Schreck! Sie war alleine. So sehr sich Lucie auch bemühte, nirgends konnte sie ihre Familie entdecken. Wimmernd stand sie da und zitterte vor Kälte und Angst. Die flauschigen Haare ihres Pelzchens bewegten sich dabei hin und her. Zum Glück hatte die Natur schon wieder dafür gesorgt, Lucie einen winterfesten Pullover zu verpassen. Dicke Tränen rollten über das Lämmchengesicht, ein heiseres Blöken erfüllte die Luft. Wie lange hatte sie der Anblick des Marienkäfers wohl abgelenkt? Lange genug, um das Undenkbare möglich zu machen und die Herde zu verlieren. Lucie lief dahin und dorthin, aber es half nichts, sie konnte nicht die leiseste Spur entdecken. Zu allem Überfluss verdunkelte sich bereits der Himmel, die Dämmerung brach über die

Winterlandschaft herein und legte sich wie ein Schleier über Wiesen und Äcker. Lucie blökte so lange, bis sie nicht mehr konnte. Unter einer kleinen Tanne buddelte sie sich ein und fiel sogleich in tiefen Schlaf.

Irgendwann erwachte das Lämmchen. Am Himmel standen die letzten Sterne und drüben im Osten zeigte sich ein zarter, rosaroter Streifen, der den frühen Morgen ankündigte. Lucie war immer noch alleine. Zitternd erhob sie sich vom steifgefrorenen Boden und begann die ersten Schritte in die Ungewissheit. Nie zuvor war sie alleine gewesen, ohne ihre Mama und ohne die vielen: Julie, Jenny, Joesi, Herthi, Carlo, Hexi, Mia, Lalo, Carola, Emmi… Sie brachte gar nicht alle Namen zusammen, so verwirrt war sie. Nie noch war sie ohne Schutz und vor allem ohne Frühstück unterwegs gewesen.

An diesem Tag ging Lucie so weit, wie sie nie zuvor gegangen war. Wieder legte sich die Nacht auf die Welt, wieder erwachte der neue Morgen. Lucie stapfte über Felder, durch dunkle Wälder, vorbei an zugefrorenen Teichen, durch Schneewechten, drückte sich an Zäunen vorbei und verlor sich in der Weite der weißen Welt. Ihr einziger Begleiter war ein kleiner heller Punkt, hoch droben am Himmel. Lucie entschied sich dafür, dass es ein Stern war. Bei Nacht leuchtete er hell und klar und so groß, als könnte sie ihn berühren. Tagsüber erschien er ihr bleich und fern - immer aber war er da, sodass Lucie begann, sich mit ihm anzufreunden. Der Stern wurde ihr Vertrauter, mehr noch, ihr Freund. Wann immer sie sich erschöpft von des Tages Wanderung unter einem tief verschneiten Tannenzweig zur Nachtruhe einrollte, der Stern wachte über sie. Bei Tag wurde er ihr zum Wegweiser. Lucie fasste Vertrauen und folgte ihrem neuen Gefährten, und mit der Zeit fühlte sie sich alles andere als allein. Sie war wirklich ein sehr tapferes Lämmchen. So sehr sich Lucie auch nach ihrer Familie sehnte, so beschützt fühlte sie sich von jenem kleinen Stern dort droben am Himmel.

Eines Tages, Lucie war müde vom vielen Gehen und ruhte sich unter einem Felsvorsprung aus, hörte sie ein Geräusch, so fein, dass es nur sehr hellhörige Lämmchen hören konnten. Es war mehr ein Gefühl als ein Geräusch, und der Wind hatte es durch die Luft getragen. Lucie hob den Kopf und lauschte. Da war es wieder, sie täuschte sich nicht. Jetzt hörte sie es deutlich, ein Glöckchen, das in großer Entfernung angeschlagen wurde. Es begann wieder zu schneien. Bald schon tanzten dicke Schneeflocken vor ihren Augen und die Luft war voll von inniger Stille der hereinbrechenden Winternacht. Lucie spitzte die Ohren und lauschte. Nichts war mehr zu hören als dicke Wattebäuschchen, die sich Zentimeter um Zentimeter auf die Erde legten und knisternd anfroren, so kalt war es geworden.

Da war es wieder! Lucie erhob sich. Das Glöckchen war jetzt ganz deutlich zu hören. Fein wie Engelshaar klang es, zart und hell. Vorsichtig

stapfte Lucie über die dicke Schneedecke, immer dem Klang des Glöckchens nach. Der Weg durch das Unterholz des Waldes war klar und
hell zu sehen. Kein Wunder, leuchtete hoch droben am Himmel doch ihr
Freund, der Stern, und wies ihr den Weg.

Und plötzlich stand er vor ihr - der Stall. Drinnen war es behaglich warm,
obwohl kein Feuer brannte. Ein Mann kniete da und soweit Lucie erkennen
konnte, auch eine Frau. Um sie herum standen ein Ochs und ein Eselchen.
Lucie schüttelte vorsichtig den Schnee ab und trat ein. Der Mann blickte
auf und wies ihr einen Platz zu, ganz so, als hätte er ihr Eintreffen erwartet. Folgsam stellte sie sich neben dem Ochsen auf. Dann bemerkte sie,
dass die sanften großen Augen des Tieres in die hinterste Ecke des Rau-
mes gerichtet waren und plötzlich sah sie es auch: Eine kleine Futterkrippe stand da, mit ein bisschen Schüttheu darin. Und auf dem Heu lag ein
nacktes kleines Kind, ein Bub – so viel konnte Lucie gleich erkennen. Das
Kind schlief, jedenfalls hielt es die Augen geschlossen. Der Mann, die Frau
und die beiden großen Tiere betrachteten es. Und da entdeckte Lucie
auch die kleinen Engel ringsum in der Hütte. Sie hockten auf den Zweigen
einer kleinen Tanne, die ihre Äste vorwitzig durch einen Spalt in die Hütte ragen ließ. Ein paar saßen oben in den Dachsparren[4] und blickten zur
Krippe hinunter. Eines saß gar auf dem Rücken des Eselchens und hielt
sich an dessen schütteren Mähne fest, um nicht herunterzupurzeln.

[4] Balken im Dachstuhl

Da vernahm Lucie das helle Glöckchen wieder, leise zwar, aber doch laut genug. In diesem Moment schlug das nackte Bübchen die Augen auf und bemerkte das neue Tier im Stall. Sollte es vom Windhauch des Klangs geweckt worden sein? Sein Blick und der des Lämmchens verschmolzen ineinander. Lange verharrten die beiden so. Sie sahen sich einfach nur an. Nichts weiter geschah, als dass das Kind nach einer Weile sein winziges Mündchen zu einem Lächeln verzog, während es weiterhin ruhig und versonnen in die Augen des Lämmchens blickte. Weshalb es lächelte? Das Löckchen auf Lucies Stirn bewegte sich sanft im Wohlklang des Glöckchens, das jetzt auch für alle anderen Anwesenden zu hören war. Oder war es dem gleichmäßigen Atemhauch des Bübchens geschuldet, den bis heute nur all jene wahrnehmen, die mit ihrem Glauben an die heilige Geburt das alljährliche Wunder der Christnacht wahr werden lassen?

So kam es, dass Lucie das Christkind fand und es zum Lächeln brachte. Genau genommen war es die Tolle auf ihrer Stirn. Wer hätte das gedacht? Sicher nicht ihre Mama und schon gar nicht ihre Geschwister Julie, Jenny, Joesi, Herthi, Carlo, Hexi, Mia, Lalo, Carola, Emmi, Wuschi (die eigentlich Ulla heißt), Horsti, Benny und Aristan, oder wie sie alle hießen, denn nur Mama kann all die Namen ohne zu stocken aufsagen. Ihnen erzählte Lucie ihre Geschichte, - als sie die Augen aufschlug und sich im elterlichen Stall wiederfand.

Lucie musste lange geschlafen haben, so erschöpft war sie von der Wanderung, die sie mit ihrer Herde unternommen hatte, kurz bevor sie den Marienkäfer traf - aber auch der gehörte ja bereits zu ihrem Traum. Vorsichtig richtete sie sich auf. Erst da bemerkte sie, dass sie mitten in der Futterkrippe lag. Ihre Mama und ihre Brüder und Schwestern standen um sie herum und betrachteten sie. Wohl lange schon und andächtig still, wie man das eben tut, wenn man über ein schlafendes Junges wacht, das man nie, nie wecken will und das dann doch die Augen aufschlägt und - lächelt.

Michael Schottenberg

Seit Jahren ist der Theatermann und Reisebuchautor Michael Schottenberg ‚Lese-Partner' in einer Wiener Privatvolksschule. Seine Erfahrungen hat er in einen Rucksack gepackt und ist losgezogen - in ein Land, das er mit dem ihm eigenen, verschmitzten Humor entdeckt: Das Land der Kindheit und der Fantasie. Nach seinen erfolgreichen Reisebüchern nimmt ‚Schotti' sein junges Publikum zu neuen Welten und Abenteuern mit.

Michael Schottenberg ist über 40 Jahre lang Kult unter den Kulturschaffenden Österreichs. Ob als Schauspieler, Regisseur oder Reiseautor, er hat sein Publikum stets gesucht und gefunden. Nun wendet er sich einem neuen Leben zu: dem Lesen und Schreiben für Kinder. Und auch hier findet er bei jeder seiner amüsanten „Reisen" eine begeisterte Zuhörerschaft.

Elham Anna Karimi

ist Künstlerin, Psychologin und Illustratorin.

Sie stammt aus Persien und ihr künstlerischer Weg hat sie nach Wien geführt. In ihren Bildern greift sie gerne auf Motive aus verschiedensten Kulturen und Epochen zurück. Die Vielfalt macht das Ergebnis reichhaltiger und ihre farbenfrohen Bilder sollen vor allem Freude bereiten